Juan Ruiz de Alarcón

Quien mal anda
en mal acaba

Barcelona **2024**
Linkgua-ediciones.com

Créditos

Título original: Quien mal anda en mal acaba.

© 2024, Red ediciones S.L.

e-mail: info@linkgua.com

ISBN tapa dura: 978-84-9953-679-8.
ISBN rústica: 978-84-9816-762-7.
ISBN ebook: 978-84-9897-936-7.

Sumario

Créditos _____ 4

Brevísima presentación _____ 7
    La vida _____ 7
    La obra _____ 7

Personajes _____ 8

Jornada primera _____ 9

Jornada segunda _____ 53

Jornada tercera _____ 91

Libros a la carta _____ 129

Brevísima presentación

La vida

Juan Ruiz de Alarcón y Mendoza (1581-1639). México.
Nació en México y vivió gran parte de su vida en España. Estudió leyes y escribió sobre la vida cotidiana.

La obra

En *Quien mal anda en mal acaba* Juan Ruiz de Alarcón relata la historia del morisco Román Ramírez, quien fue encerrado por la Inquisición española y sometido a un larguísimo juicio.

Eugenio Hartzenbusch al editar las obras completas de Ruiz de Alarcón en 1852, estableció la mejor versión de este texto. La obra no aparece en las dos partes de las obras de Alarcón editadas entre 1628 y 1624. Y fue publicada por primera vez por el impresor sevillano Francisco de Leefdael, a mediados del siglo XVIII, siendo muy elogiada en el siglo XIX por Juan Eugenio Hartzenbusch y Agustín Millares. Antonio Castro Leal considera que *Quien mal anda en mal acaba* fue escrita entre 1601 y 1603.

Ruiz de Alarcón se vale en esta pieza de recursos inusuales en el teatro barroco español, como el uso muy frecuente de redondillas.

Personajes

Don Juan
Román Ramírez
Don Félix
Don Pedro
Tristán
El Demonio
Otro Demonio
Doña Aldonza
Leonor, criada
Dos Familiares
Criados
Músicos
Gente

Jornada primera

(Sale Román, vestido humildemente.)

Román   Ni beldad ni gentileza
igual en mi vida vi.
Sin duda a sí misma aquí
excedió naturaleza.
   Los miembros forma perfetos
soberana proporción,
y como la causa, son
milagro en mí sus efetos,
   pues que su vista primera
tanto en mi pecho ha podido;
mas no fuera dios Cupido
si igual poder no tuviera.
   Rindióme, hirióme, matóme
de una vez. ¿Quién puede haber
que tan divino poder
con humanas fuerzas dome?
   ¿Mas quién hay que sin ventura
se atreva a tanta beldad?
¿Cómo tendrá mi humildad
alas para tanta altura?

(Sale Tristán, de camino, dirigiéndose a un mozo que está dentro.)

Tristán   Sacad las mulas, mancebo.

Voz (Dentro.)   ¡Cuerpo de Dios con la priesa!
Aun no me he puesto a la mesa.

Tristán   Caminando como y bebo
yo, como grulla, en un pie.

                    Ensillad.

Román   Mientras es hora
de partir, esa señora,
me decid, ¿quién es?

Tristán   No sé.

Román   ¿Si el oficio entre su gente
de mayordomo ejercéis,
por qué causa respondéis
un «no sé» tan secamente?

Tristán   No os espante que del eco
guarde las leyes así;
que si seco respondí,
también preguntastes seco.
    ¿No dijérades siquiera:
«Hidalgo, saber quería,
si cabe en la cortesía,
¿Quién es esta pasajera?»
    Y no, sin haber jamás
visto a un hombre: «Esa señora,
me decid, mientras es hora
de partir, ¿quién es?». Demás
    que estoy con vos en pecado,
porque os he visto comer,
y ni vino os vi beber
ni tocino habéis probado;
    y de hablar con vos me corro;
que quien no come tocino
ni vino bebe, es indino
de hablar ni escupir en corro.

Román   El padecer corrimientos,
             de flema y calor causados,
             hace para mí vedados
             esos dos mantenimientos;
                y si con menos razones
             que debiera os pregunté,
             soy hombre llano, y no sé
             cortesanas invenciones.
                Yo hablé con sinceridad,
             y con la misma os ofrezco
             mi amistad.

Tristán   Yo lo agradezco;
             mas porque hasta en la amistad
                fuese también desdichado,
             tengo el amigo primero
             que he encontrado, por agüero,
             que es lo mismo ser aguado.

Román   Desde hoy no lo pienso ser
             si con eso os obligáis.

Tristán   Pues a lo que preguntáis
             es justo ya responder.

                Don Francisco de Meneses,
             cuanto desdichado, noble,
             padre de esta hermosa dama,
             que Aldonza tiene por nombre,
             con ella y su casa toda
             de Deza partió a la corte,
             al pleito de un mayorazgo,
             que hoy es ya de Aldonza el dote.
             Venciólo al fin; mas no quiso

su fortuna que lo goce,
pues salió con la sentencia
la de su muerte conforme.
Aldonza, huérfana y sola
con esto, determirióse
a volver entre sus deudos
a Deza, su patria, donde
la espera ya, para ser
su esposo, don Juan de Torres,
mi señor, noble, galán,
rico y venturoso joven.
Y así, don Pedro, su primo,
que es el que veis, a la corte
se partió, para volverla
acompañando en su nombre;
que por no serle decente
antes que su mano goce,
no se atrevió a ser el mismo
precursor de sus dos soles.
Más que me habéis preguntado,
he dicho en breves razones
y adiós; que ya en la litera
la bella Aldonza se pone.

(Vase.)

Román   ¡Ah cielos! ¿Quién vio salir
de purpúreos pabellones
pródiga el alba de rayos,
lloviendo perlas y flores;
quién tras la fiera borrasca
que formó tremenda noche
vio el hermoso Autor del día
bordar claros horizontes,

quién por capital sentencia
esperó suplicio enorme,
y en dichosa libertad
trocó las duras prisiones;
que no juzgue, bella Aldonza,
si a tu beldad las opone,
alba, libertad y día,
sombra, esclavitud y noche?

(Sale doña Aldonza, de camino, y don Pedro, escudereándola, y Tristán, atraviesan el teatro.)

Tristán   Llegad, mancebos.

(Vanse doña Aldonza, don Pedro y Tristán.)

Román   ¡Oh Amor!
¡Dichoso don Juan de Torres,
que ha de gozar la belleza
mayor que el mundo conoce!
¡Ay de mí! Ya para entrar
en la litera recoge
las faldas. Amor, ¿qué he visto?
¿Qué nuevo inhumano golpe,
con breves puntos de un pie,
siglos eternos dispone,
tanto a los ojos de glorias,
cuanto al corazón de ardores?
¡Perdido estoy! ¡Estoy loco!
¡Muerto estoy! Ya el Sol se esconde,
que deslumbra cuando alumbra,
y ciega cuando se pone.
Ya camina. ¿Qué he de hacer?
Por valles, prados y montes

seré alfombra de sus plantas
sombra de sus resplandores.
No puedo más... No soy mío.
Miente la opinión, que pone
siempre elección de los actos
en la voluntad del hombre;
miente que no hay albedrío;
ley es todo, todo es orden
dispuesto por los influjos
de los celestes orbes.
Pues te sigo, bella Aldonza,
forzado de mis pasiones,
como el acero al imán
y como la aguja al norte;
dictándome la razón,
que el imposible conoce,
por ser nuestros dos estados
en todo tan desconformes.
¿Quién, pues, me dará esperanza
de que algún tiempo la goce,
si diabólicos engaños
no ayudan mis pretensiones?
Que según estoy, no hay cosa
que no intente, no hay desorden
que no emprenda, no hay delito
que mi atrevimiento estorbe.
¿Hay un demonio que escuche
estas quejas, estas voces,
y por oponerse al cielo
dé remedio a mis pasiones?

(Sale el Demonio, en forma de galán.)

Demonio   Román Ramírez.

14

Román	¿Quién es?
Demonio	Yo soy el mismo que llamas, que de las eternas llamas vengo en la forma que ves, a tus voces obediente, y dispuesto a tu favor.
Román	¿Qué dices?
Demonio	Pierde el temor, pues Amor es tan valiente. Yo soy tu amigo, que soy quien a tu abuelo ha servido de familiar. Condolido. Román, de tu pena estoy. Pero pues de mí te vales, pierde la desconfíanza; que o lograrás tu esperanza, o a los reyes infernales faltará el poder, la ciencia, la industria, el arte y engaño.
Román (Aparte.)	Si al inevitable daño de esta amorosa dolencia das fin... (Detestable medio es al que me determino; mas si del cielo me vino la desdicha, y no el remedio, ¿en qué dudo?) Una amistad eterna hallarás en mí, y en el niundo solo a ti adoraré por deidad.

Demonio	Pues con recíproco pacto
	nos obligamos los dos:
	tú a adorarme a mí por dios,
	y yo, igualando al contracto,
	a cumplirle, ese deseo,
	y hacer que de Aldonza goces,
	y que obedezca a tus voces
	todo el reino del Leteo.
	Riqueza, honor y opinión
	de noble y sabio he de darte
	y tras de todo, librarte
	del poder y la opresión
	de las justicias, de suerte
	que te valga mi amistad
	eterna felicidad
	en la vida y en la muerte,
	pues si mi amigo leal
	hubieres sido en el mundo,
	.... [-undo]
	te trataré como tal.
Román	Pues con esas condiciones
	me pongo ya en tu poder.
Demonio	Atiende a lo que has de hacer
	para que tus pretensiones
	consigas. Tú has de mudarte,
	para no ser conocido,
	el nombre; que concedido
	me es a mí desfigurarte,
	ofreciendo en lo visible
	a los ojos otro objeto,
	ya que el natural sugeto

16

alterar no me es posible.
  Con esto entrarás en Deza,
e indicios darás de que eres
hombre ilustre; di que quieres
disimular tu nobleza.
  Y para hacerte opulento
en riquezas y opinión,
y disponer la ocasión
a tu enamorado intento,
    médico te has de fingir;
que de él necesita Deza.

Román   ¡Cómo podrá mi rudeza,
si ni leer ni escribir
    jamás supe, acreditar
esa invención?

Demonio   Yo al oído
lo que el físico ha sabido
más docto, te he de dictar;
    y pues no son a mi ciencia
angólica reservadas,
yerbas te daré adecuadas
a sanar cualquier dolencia.
  Con esto y con los engaños
que según las ocasiones
tracen nuestras invenciones,
verás el fin de tus daños.

Román   Impide pues a don Juan
con Aldonza el casamiento
antes que logre su intento.

Demonio   Yo te lo ofrezco, Román;

que de tal suerte los ojos
de Aldonza inficionaré
al mirarle, que le dé
una vista mil enojos.

Román   Pues ya en todo te obedezco.

Demonio   ¿Qué nombre te has de poner?
Y advierte que no ha de ser
de cristiano, que aborrezco
sus ecos.

Román   Pónmele tú.

Demonio   Demodolo desde aquí
te nombra.

Román   El tuyo me di.

Demonio   Yo me llamo Belcebú.
Y con esto ven, amigo,
para que el pacto confirmes,
donde con tu sangre firmes
lo que has tratado conmigo.

Román   Vamos.

Demonio   Tu lascivo ardor
verás presto satisfecho.

Román   Tanto han podido en mi pecho
codicia, ambición y amor.

(Vanse. Salen don Juan, Tristán, y don Pedro, de ciudad.)

Pedro	Ya, primo, estaréis contento,
	pues Aldonza, no obligada
	solo, pero enamorada,
	corresponde a vuestro intento.
Tristán	No pienso yo que agradó
	Narciso a la ninfa más.
Juan	¡Estoy loco! ¿Quién jamás
	tal belleza mereció?
Pedro	En ella las gracias todas
	el cielo quiso copiar;
	y adiós; que voy a sacar
	galas para vuestras bodas.
(Vase.)	
Tristán	¿Qué vestido piensas darme
	para estas fiestas, señor?
	Que yo también con Leonor
	tengo de matrimoniarme.
Juan	A tu voluntad está
	la tienda del mercader.
Tristán	¿Cuándo, Fortuna, he de ser
	venturoso? ¿Cuánto va
	que si lo voy a sacar,
	según nací desdichado,
	o el mercader ha quebrado
	o tú no te has de casar?

Juan	Calla. ¿Cómo puede ser, si Aldonza ya lo desea, ni que mi esposa no sea, ni que quiebre el mercader siendo tan ríco?

Tristán	Porque es
	mi Fortuna tan avara,
	que si en zapatos tratara,
	nacieran todos sin pies.
	  Un amo que tuve yo,
	dijo, estando ya espirando:
	«A Tristanillo le mando...»
	y al momento mejoró.
	  Pero mi suerte colijo
	que se engañó; que en teniendo
	más aliento, prosiguiendo,
	«Mando a Tristanillo», dijo,
	  «que al punto que muera yo,
	le pague todo el dinero
	que me debe, a mi heredero.»
	Y en diciéndolo espiró.

Juan	Pues con tales desengaños, no te he de hacer bien jamás.
Tristán	Quiéreme mal y verás como vives dos mil años.
Juan	Ya sale Aldonza, Tristán.
Tristán	Di, señor, la que te adora.

(Salen doña Aldonza y Leonor.)

20

Leonor	Aquí está don Juan, señora.

(Hablan las dos aparte, junto a la puerta.)

Aldonza	¡Qué dices! ¿Éste es don Juan?
Leonor	¿En qué lo has desconocido?
Aldonza	O tú te engañas, o a mí me engañó cuando lo vi, o tengo el seso perdido.
Leonor	Lo postrero es lo que creo. ¿Qué has visto en él que te asombre?
Aldonza	¿Don Juan puede ser un hombre tan mal tallado y tan feo? El que yo he visto, el que quiero, el que espera ser mi esposo, es gallardo y es airoso; éste es desairado y fiero.
Leonor	¡Qué dices! ¿Estás sin seso? ¿Hay algún galán en Deza que a su talle y getitileza pueda igualar?
Aldonza	Y aun por eso me afirmo en que no es don Juan.
Leonor	¿Hay locura más extraña? Dime, el que le acompaña ¿no es su criado Tristán?

Aldonza	Sí.
Tristán	¿Qué temes? ¿Qué contrario embistes?
Juan	Verla tan bella me acobarda.
Tristán	Aguarda que ella te saque por el vicario.
Leonor	Ya llega; agora verás cuál de las dos se ha engañado.
(Aparte.)	(O está loca, o se ha mudado.)
Aldonza	O estoy ciega o tú lo estás.
Juan	¿Cuando, bella Aldonza, harán nuestras bodas venturoso, al que solo en ser tu esposo funda su gloria?

(Al oído a doña Aldonza.)

Aldonza	¿Es don Juan?
Juan	¿Cuándo el alma que te adora con tan deseada unión en dichosa posesión se verá?

(Aparte a su ama.)

Leonor	¿Es don Juan, señora?
Juan	Advierte, mi bien, que están juzgando las ansias mias eternidades los dias.

(Aparte a su ama.)

Leonor	Di ahora que no es don Juan.
Aldonza (Aparte.)	(¡Don Juan es, al fin! ¿Qué es esto? ¿Qué puede ser? O venía, cuando otras veces le veía, tan aliñado y compuesto, que las faltas ha podido encubrir que agora veo, o me engañaba el deseo, o después acá ha tenido algún furioso accidente con que se ha desfigurado, o por dueño me ha cansado; que se juzga diferente el que se teme marido que el que se estimó galán.)
Juan (Aparte al criado.)	¿No me respondéis? Tristán, ¿Qué es aquesto?
Tristán	Mi vestido.
Juan	¡Señora! ¿Qué novedad es ésta, Leonor?

Leonor	No sé.
(Aparte.)	(Si puedo lo enniendaré.)
	Pienso que una enfermedad
	que en el corazón padece
	y ha muy poco que le ha dado
	este disgusto ha causado
	que vuestro amor no merece;
	que siempre que lo ha tenido,
	aunque libre del dolor,
	del melancólico humor
	vuelve a cobrar el sentido.
	Es tan turbado y confuso,
	que por gran rato no entiende,
	y la pasión le suspende
	de las potencias el uso.
	Yo apostaré que hasta agora,
	don Juan, ni os ha conocido,
	ni palabra os ha entendido.
	Mira que es don Juan, señora,
	quien te habla.
Aldonza (Aparte.)	(Estoy perdida.)
Juan	¡Qué enfermedad tan cruel!
Aldonza (Aparte.)	(No me casara con él
	si me importara la vida.)
Juan	Bella Aldonza, gloria mía,
	si cuantas piedras cordiales
	en las regiones australes
	el ligero ciervo cría;
	Si cuanta persiana yerba
	y odorífero semnión,

aplicado al corazón,
de pasiones lo reserva;
si cuanta perla luciente,
cuanto purpúreo coral,
antídotos de ese mal,
engendra el mar y el oriente,
alegrarte pueden, tantas
me permite que te ofrezca,
que al mundo todo empobrezca
para enriquecer tus plantas.

Aldonza   Señor don Juan...

Leonor   Ya ha cobrado,
pues habla, su entendimiento.

Aldonza   Ni sin salud hay contento,
ni alegría con cuidado.
    Yo me siento de tal suerte
sujeta a melancolía,
que no hay para mi alegría,
sino acercarme a la muerte;
    y así, es bien que el casamiento
dilate hasta mejorar;
que poco puede durar
accidente tan violento;
    y entre tanto solo os pido
que el visitarme, don Juan,
excuséis; que sois galán
hasta ahora, y no marido.

(Vase doña Aldonza.)

Tristán   Leonor, ¿qué ocasión ha hecho

en Aldonza tal mudanza?

Leonor   ¿Qué pensamiento lo alcanza?
                Algún demonio sospecho,
                  por lo que mis ojos ven,
                que anda, Tristán, por aquí.

Tristán   ¿Y hay demonio para ti?
                ¿Haste mudado también?

Leonor   Forzoso ha de ser mudarme
                si no se casan los dos.

(Vase Leonor.)

Tristán   Nunca, Leonor, me dé Dios
                otro mal que no casarme.
                  ¡Ah señor! ¿Qué suspensión
                es ésta? ¿Estás persuadido
                que ha causado mi vestido
                este mal de corazón?
                  «Tristan, ¿cómo puede ser,
                si Aldonza ya lo desea,
                ni que mi esposa no sea,
                ni que quiebre el mercader,
                  siendo tan rico?» Ya es clara
                del mercader la ventura;
                que a ser firme esta hermosura,
                era fuerza que él quebrara.

Juan   No puede, no puede ser
                que Aldonza se haya mudado.
                Del corazón la ha obligado
                la dolencia a proceder

con tan extraña esquiveza;
que si de mí se agradó,
si contenta el sí me dio,
si yo adoro su belleza,
    si soy el mismo que fui,
si ella es la mesma que ha sido,
si ni de ofensa ni olvido
se puede quejar de mí,
    cosas son que contradicen
el crédito a su mudanza.

Tristán   Eso ha dicho la esperanza;
entran los celos y dicen.
    Si, aunque con mentira fea,
le han dicho algún mal de ti;
si después que te dio el sí
en nueva afición se emplea...

Juan   Calla, atrevido.

Tristán   ¿Es error
discurrir sin decidir?

Juan   Sí; que ofende el discurrir
en agravio del honor.

Tristán   ¿Puede ser?

Juan   No puede ser.

Tristán   ¿Qué mujer no se mudó?

Juan   No es mujer Aldonza, no.

Tristán	¡Vive Cristo, que es mujer, y se ha mudado, y perdido cuanta afición te tenía!
Juan	Pues ¿por qué ocasión podía mudarse?
Tristán	Por mi vestido; y apostara a que esto es cierto de ojo, a no recelar que ella te volviera a amar porque yo quedase tuerto.
Juan	Necio estás.
Tristán	Y tú estás ciego, pues en el aspecto triste de doña Aldonza no viste que de su amoroso fuego no hay ya ni aun cenizas frías.
Juan	Tú quieres matarme.
Tristán	Quiero, señor, no ser lisonjero.
Juan	¡Vive Dios, pues que porfías, y gustas de mi pesar, si no es cierta su mudanza y se cumple mi esperanza, que a palos te he de matar.
Tristán	Con eso, sí, los regalos de Aldonza has de conseguir.

(Sale Leonor, con manto.)

Leonor	Albricias vengo a pedir.
Tristán	¡Mira lo que obran los palos!
Juan	¿De qué, Leonor?

Leonor
                Al instante
que desconsolado y triste
de la presencia partiste,
don Juan, de tu hermosa amante,
  de todo punto cobró
su acuerdo y enternecida,
amorosa y condolida
de tu pena, te escribió
  los favores y regalos
que en este papel verás.

Juan	¿Ves, Tristán, cuán necio estás?
Tristán	¿Ves cuánto pueden mis palos?

Juan
           Por nueva tan venturosa
te da en albricias mi amor
esta cadena.

Tristán
               Leonor
ya no puedes ser mi esposa.

Leonor
            ¿Por qué?

Tristán
            Porque yo no fuera

| | desdichado, a merecer |
| | hermosa y rica mujer. |

Juan	Calla; que ya, aunque no quiera
	tu fortuna, pienso hacerte
	venturoso, y el vestido
	mejorar que he prometido.

| Tristán | Tente, señor; que es perderte. |

(Lee.)

Juan	«Si os di nombre de marido,
	Ya es fuerza por no matarme,
	revocarlo, no casarme.»
	¿Qué es aquesto?

| Tristán | Mi vestido. |

| Leonor | ¿Cómo dice? |

| Juan | ¿Dónde hay pena |
| | que iguale con mi pasión? |

| Tristán | ¿Éstos los favores son? |
| | Vuelve, Leonor, la cadena. |

Leonor	Vuelve, don Juan, a leer;
	que el papel me leyó a mí
	Aldonza, y no dice así.

| Juan | Sí dice. |

| Leonor | No puede ser. |

(Lee.)

Juan   «Si os di nombre de marido,
                ya es fuerza, por no matarme,
                revocarlo, no casarme.»

Leonor   O el seso todo he perdido,
                    o algún demonio a porfía
                trueca las letras así;
                que yo misma se le oí,
                y tal razón no decía.

Juan   Con industria lo habrá hecho
                para engañarte, Leonor;
                que viéndote en mi favor
                aquel rigoroso pecho,
                    trocó el sentido al papel;
                porque si tú lo entendieras
                es cierto que le impidieras
                rsolución tan cruel.
                    Ello es cierto; yo he perdido
                el bien que no merecí.

Leonor   Prosíguela.

Juan   Dice así:
(Lee)   «De mi mal ha procedido
                    la esquiveza y novedad
                que disculpar es tan justo;
                pues no parta con el gusto
                su imperio la enfermedad.
                    Doña Aldonza de Meneses.»
                Leonor, tan clara razón

no admite interpretación
y, aunque tú misma le oyeses
  lo contrario, esto que leo
viene de Aldonza firmado,
y es cierto que se ha mudado.

Leonor   Yo lo miro y no lo creo...
                    Dame el papel, que estoy loca
                  y corrida de que a mí,
                  ya que te la rompa a ti,
                  me trate con fe tan poca.

(Vase Leonor.)

Tristán   ¿Y la cadena? Voló.
                  Tú has hecho un gentil empleo.

(Sale don Félix que se queda retirado, escuchando a don Juan.)

Juan   Bien lo debo a su deseo,
                  cuando a sus efectos no,
                   ¡Pluguiera a Dios redimiera
                  lo menos del mal que lloro,
                  con cuanto rubio tesoro
                  produce la indiana esfera!

Félix (Aparte.)   (¿Qué escucho? Cuando es mi intento
                  pedir a don Juan, hermano
                  de mi Teodora, su mano
                  en albricias del contento
                   de su cumplida esperanza,
                  se lamenta. ¡Plega a Dios
                  que no nos dañe a los dos
                  igualmente una mudanza!)

¿Qué es esto, don Juan?

Juan   Amigo,
sucesos de un desdichado.
Doña Aldonza se ha mudado.

Félix   ¿Qué decís?

Juan   ¿De lo que digo
dudáis, cuando es en mi daño?

Félix   ¿Y qué ha sido la ocasión?

Juan   Cierto mal de corazón,
según dice, tan extraño,
    que de gusto y aun de seso
la priva.

Félix (Aparte.)   (¡Hay desdicha igual!)
Quiera Dios que vuestro mal
estribe, don Juan, en eso;
    porque un médico extranjero
ha venido, a cuya ciencia
no hay reservada dolencia.
Llevádsela; que yo espero
    no solo que librará
de ese mal su corazón,
pero que de su pasión
la causa conocerá.

Tristán   ¡Oh médico celestial!

Félix (Aparte.)   (Callaré mi pretensión
hasta mejor ocasión;

que un triste no es liberal.)

Juan   ¿Que es tan sabio?

Félix   Eslo de suerte,
que por los pulsos y aspetos
penetra hasta los secretos
de la vida y de la muerte.

Tristán   ¡Qué adivina el extranjero
por los aspetos, señor!
Mátenme si este doctor
no fuere un gran embustero.

Félix   Con obras se acreditó;
que no con palabras solo.

Tristán   ¿Y llámase?

Félix   Demodolo.

Tristán   Miren si el nombre buscó
   Famoso por lo exquisito,
por lo extraño provocante,
porque dé al vulgo ignorante
la novedad apetito.

Juan   Félix, toda mi esperanza
pongo yo en ese doctor.
A mí me cure de amor,
si a Aldonza no de mudanza.
   Busquémosle.

Félix   De él espero

	el fin que tu amor desea.
Tristán	Yo, que su gualdrapa sea la tumba de tu dinero.

(Vanse todos. Sale doña Aldonza.)

| Aldonza | Cielos, ¿qué vario accidente
causa los males que lloro?
Ausente a don Juan adoro,
y lo aborrezco presente.
   La postrer vez que lo vi,
disforme me pareció;
y luego que se ausentó,
reina ya su amor en mí,
   poniéndonme, porque muera
a los ojos la memoria,
la nunca igualada gloria
que hallé en su vista primera.
   Quién vio tan nuevo furor,
y quién tan loco accidente,
que muera estando presente
y viva, ausente, el amor? |

(Sale Leonor, con manto.)

| Aldonza | Leonor... |

| Leonor | Vengo tan corrida
de que me hayas engañado
con el papel que me has dado,
que no olvidaré en mi vida
   este agravio. |

Aldonza	No te entiendo.
Leonor	¡Bueno es leerme el papel, fingiendo que llevo en él a don Juan la vida, siendo la sentencia de su muerte! ¡No supiera yo leer! ¡Mal haya el hombre o mujer que da de su humilde suerte indicios con no saberlo!
Aldonza	¿Qué dices? Muestra y verás, Leonor, que engañada estás.
Leonor	¿Qué importa si has de leerlo conforme a tu voluntad?
Aldonza	Si con mi vida aseguro tu recelo, yo la juro de leerte la verdad.
(Lee)	«Si os di nombre de marido, ya es fuerza, por no matarme, revocarlo no, casarme. de mi mal ha procedido la esquiveza y novedad que disculpar es tan justo, pues no parte con el gusto su imperio la enfermedad.» ¿Ésta la sentencia ha sido de muerte?
Leonor	¿Hay tal confusión? Las mesmas palabras son, y no es el mismo sentido.

¿En qué estará? ¿Hay tal tormento
como ser de ingenio rudo?
¿A qué nació quien no pudo
merecer entendimiento?
    Pues muy contrario sentido
don Juan al papel ha dado,
con que se ha desesperado
tanto como yo corrido.

Aldonza   Misterio hay, Leonor en esto,
y a lo que puedo entender,
algún divino poder,
a nuestras bodas opuesto.
    Mas dime, por vida mía,
¿qué te pareció don Juan?

Leonor   Tan de buen gusto y galán,
que envidiarle el Sol podía.

Aldonza   ¿Cómo es posible que el verle
sola a mí me cause enojos?
Pues si estuviera en mis ojos
el defecto, ¿había de hacerle
    solo a don Juan, mi accidente
un agravio tan cruel,
pues a nadie sino a él
miro de sí diferente?
    No lo entiendo.

(Sale Tristán.)

Tristán   Mi señor,
tan enfermo de tu mal,
que está más que tú mortal,

te trae, señora, un doctor
de cuya infalible ciencia
huye medrosa la muerte,
y los dos ya para verte
solo aguardan tu licencia.

Aldonza   Entren. Por dicha mi amor
hallará de tanto daño
en don Juan el desengaño,
o el remedio en el doctor.

(Salen Juan, Román, de doctor galán, y el Demonio, de platicante.)

Juan   Aldonza, con el cuidado
de vuestra indisposición,
mi abrasado corazón
el remedio ha procurado.
El señor doctor que os viene
avisitar, no de humano,
de médico soberano
la fama y las obras tiene.
Decid vuestro mal; que creo
que tendrá fin la dolencia,
si alcanza poder la ciencia
y ventura mi deseo.

(Aparte a Leonor.)

Aldonza   ¡Ay triste de mí! Leonor,
mi mal crece de hora en hora.

Leonor   ¿Qué sientes?

Aldonza   Don Juan agora

me ha parecido peor.
¡Qué narices!

(Hablando aparte el Demonio con Román.)

Demonio   El objeto
                  falso que ofrezco a sus ojos
                  en don Juan le causa enojos,
                  y se queja de su efeto
                      Aldonza.

Román   Dime, ¿no fuera
                  mi pretensión más segura
                  si el hechizo en la hermosura
                  de Aldonza lo mismo hiciera
                      que en don Juan, porque él viniese
                  a aborrecerla también?

Demonio   No, Román. No te está bien,
                  porque si él la aborreciese,
                      ni cuidara de su mal
                  ni te hubiera menester;
                  y el amarla le ha de hacer
                  contigo tan liberal,
                      que goces de su riqueza
                  gran parte, y no es de tu intento
                  el más leve fundamento
                  para alcanzar la belleza
                      de doña Aldonza.

Román   Bien dices.

Demonio (Aparte.) (Lo más cierto es que pretendo
                  que don Juan pierda, sintiendo

los sucesos infelices
   de su amor, el sufrimiento,
con que a delitos e injurías
le precipitan las furias
de su celoso tormento.)
   ¿Qué aguardas?

Román   ¿Has ya mudado
                      lo visible en mí?

Demonio   No fuera,
                      si alguno te conociera,
                      poderoso mi cuidado.
                         No temas.

Juan (Aparte.)   (Yo la he perdido.
                      Con gran disgusto me mira.)

Tristán (Aparte.)   (Ella se queja, él suspira,
                      y yo lloro mi vestido.)

Román   Si de las manos confiero
                      las líneas con las señales
                      del rostro, de vuestros males,
                      señora, entender espero
                         la verdadera ocasión.

Tristán   Señor doctor, no quisiera
                      que esta cura adoleciera
                      de la santa Inquisición.

Juan   Calla, necio.

Tristán   No me vayas

a la mano, porque he oído
decir que está prohibido
adivinar por las rayas;
    y yo soy, aunque me ves
en lo demás tan humano,
un católico cristiano,
testarudo aragonés;
    y no tiene el mundo aceros
iguales a mi coraje
para impedir el ultraje
de mi Dios y de mis fueros,
    pues tan sin dicha nací,
que siendo el más inocente,
se escapará el delincuente
y me prenderán a mí.

Román   Por docto, tengo permiso
para valerme de tales
conjeturas y señales;
que la Inquisición no quiso
    prohibir tan milagrosos
misterios sino a ignorantes,
que con artes semejantes
dan luego en supersticiosos;
    pero yo, que con la ciencia
física llego a alcanzar
lo que ellas pueden mostrar,
de usarlas tengo licencia.
    Mandadle, señor don Juan,
dejarnos; que es peligroso
un testigo escrupuloso,
siendo ignorante.

Juan   Tristán,

véte al punto.

Tristán	Bien hacéis
	en recelaros de mí,
	que la leva os entendí.

(Vase.)

Román (Aparte.)	(Presto me lo pagaréis.)
	Dadme el pulso.
(Aparte.)	(Oh, nieve pura,
	como sois fuego de amor!)

Juan (Aparte.)	(¡Ah! ¡No fuera yo el doctor!)

Román	Libre estáis de calentura.
(Aparte.)	(Así lo estuviera yo.)
	Alzad el rostro...
(Aparte.)	(¡Ay de mí!
	Cuello hermoso, el cielo en ti
	todo su poder mostró.)
	Dadme la mano...
(Aparte.)	(En que adora
	cinco saetas mi amor.)

(Rehusa ella.)

Aldonza	¿La mano?

Juan	El señor doctor
	se entiende. Dadla, señora.

(Román tómale la mano izquierda.)

Román   Su virtud le comunica
                             a la izquierda el corazón;
                             y así por su indicación
                             sus sentimientos publica.
                                Con ella apretad la mía;
                             que la fuerza quiero ver
                             que tiene.

Leonor (Aparte.)   (No he visto hacer
                             jamás tal anatomía.)

Román   Apretadla.

Juan (Aparte.)   (Ya me dan
                             celos estas experiencias.)

Román   Los misterios de las ciencias
                             son muy ocultos, don Juan.
(Aparte a don Juan.)   Escuchadme y os diré
                             por no advertirla, en secreto
                             de esta experiencia el efeto.
(Aparte.)   (Con esto dilataré
                                La gloria que estoy mirando.)

(Habla a don Juan, recatándose de que le oiga doña Aldonza, y nunca deja
su mano.)

                             En la relacion que hiciere,
                             es forzoso que se altere
                             su corazón, en tocando
                                la causa de su pasión;
                             y yo lo he de conocer,
                             porque en la fuerza ha de haber
                             aumento o diminución

y haciendo luego juicio,
según la quiromancía,
física y fisonomía,
tendré verdadero indicio
de la secreta ocasión
de su mal, y aplicaré
el remedio, con que os dé
su mudanza admiración.

Juan   ¡Qué sutil filosofía!

(Aparte a Leonor.)

Aldonza   ¿Has advertido, Leonor,
                        Qué buen talle de doctor?

Leonor   Extraña es su bizarría!

Román   Haced lo que os he advertido,
                        hermosa Aldonza.

Aldonza   Yo siento
                        lesión en mi entendimiento,
                        turbación en mi sentido.
                        Siento inconstante deseo,
                        frágil memoria, de modo
                        que juzgo diverso todo
                        de lo que vi lo que veo.

Román   Basta; que agora tocastes
                        al punto. La alteración
                        dio a la mano el corazón;
                        que en la fuerza desmayastes.

(Aparte a Leonor.)

Aldonza   Dice verdad. Peregrino
                 es el médico.

Leonor   ¡Hay tal cosa!
                 Ciencia tiene milagrosa.

Juan   (Entendiólo. Él es divino;
                 que aborrecer facilmente
                 sin causa a quien ha querido,
                 muestra que le ha parecido
                 despues acá diferente.

Román   Señora, ya yo sospecho
                 vuestro mal. Hechizos son
                 los que en vuestro corazón
                 tan gran novedad han hecho.

Leonor   ¿No lo dije yo?

Aldonza   ¡Ay de mí!

Román   Alguno que ciego adora
                 vuestra hermosura, señora,
                 quiere asegurarla así.

(El Demonio habla aparte a doña Aldonza, colocado a espaldas de ella.)

Demonio   ¿Quién sino don Juan sería?

Román   Indicio ofrecen notorio
                 del maléfico amatorio
                 vuestra gran melancolía,

la turbación del sentido
y variedad del deseo.
¿Cuánto va, Aldonza, que feo
alguno os ha parecido,
a quien juzgastes primero
bizarro, hermoso y galán?

Leonor   Es verdad.

Aldonza   Esto en don Juan
me ha sucedido, y ya infiero,
Leonor, que lo has publicado.

Leonor   Fálteme Dios si tal hice.
(Aparte.)   (¡Loca estoy! Secretos dice
que entre los dos han pasado.)

Juan (Aparte.)   (Él lo ha entendido. Yo soy
quien ya le parezco mal.)

Aldonza (Aparte.)   (No vi jamás hombre igual.)

Román   Si con esto, Aldonza, os doy
ocasión para admiraros,
estos son cortos efetos;
que secretos más secretos
pienso presto declararos.
Agora os he de mostrar
más clara la ciencia mía
que por la quiromancía
del todo he de penetrar
vuestro mal. Mostrad la palma
de la mano, que es papel
del cielo, que escribe en él

las afecciones del alma.
¡Qué oscuras líneas! En ellas
se advierte la confusión
que padece el corazón.

(Bésale la palma.)

Juan   Pues, ¿qué hacéis?

Román   Humedecellas;
                    que muestra en ellas la mano
                    más viveza y más color
                    con la humedad y calor
                    que les da el aliento humano.

Juan   Aldonza pudiera hacello.
(Aparte.)   (No me puedo refrenar.)

Román   Señor don Juan, a pensar
                    que os diera disgusto en ello,
                       ni lo hiciera, ni mis pies
                    estos umbrales tocaran
                    si en recompensa esperaran
                    innumerable interés.
                       Yo ejecuto con llaneza
                    los medios cuyos efetos
                    tocáis ya, pues los secretos
                    de la bella Aldonza empieza
                       a entender y declarar;
                    y cuando con la experiencia
                    que veis, pretende mi ciencia
                    lo que importan alcanzar,
                       me obligan vuestros recelos
                    a desistir, porque yo

vengo a dar salud, y no
desconfïanzas y celos.
    El tiempo os vendrá a mostrar
que es tan secreto y profundo
su mal, que nadie en el mundo,
sino yo, lo ha de curar;
    mas pues las llanezas mías
culpáis, buscad quien dilate
su enfermedad, y la mate
con purgas y con sangrías.

(Vuelve las espaldas.)

Aldonza   Aguardad.

Román (Aparte.)   (Con esto quiero
                        Mi estimación aumentar.)
                        Él mismo me ha de llamar,
                        y costarle su dinero.

(Vanse Román y el Demonio.)

Aldonza   Volved. Fuése. ¡Todo así
                        se conjura en afligirme!

Leonor   ¡Que se fuese sin decirme
                        la buenaventura a mí!

Aldonza   ¿Esto, don Juan, es fineza?
                        ¿Esto debo a vuestro amor?
                        ¿Celos formáis de un doctor?
                        Éraos ya a la sutileza
                           de su ingenio tan pesada,
                        temiendo, si prosiguiera,

48

que del todo descubriera
que estoy de vos hechizada?

Juan   De mí, Aldonza!

Aldonza   Caso es llano.
¿Quién sino vos desconfía
de mi amor? ¿Quién pretendía
asegurarse mi mano
    sino vos? ¿En quién miráis
lo que ha obrado en mí el hechizo,
sino en vos, si bien no hizo
la operación que intentáis,
    pues que trocando la acción,
por dicha me perderéis
con lo que intentado habéis
asegurar mi afición?
    Y tras de hacerme, con medio
tan injusto, tanto daño,
¡por encubrir vuestro engaño
me quitáis a mí el remedio!

Juan   Aldonza, juraros quiero...

Aldonza   No por eso me aseguro;
que también dará en perjuro
quien ha dado en hechicero.

Juan   ¿Hay tal rabia? He de perder
la vida con la paciencia.

Aldonza   No me mintáis inocencia.
Lo que importa es deshacer
    el daño, y hacer que vuelva

a remediarlo el doctor;
y mientras no, vuestro amor
no espere que me resuelva
a las bodas que desea;
que obra contra vos de suerte
el hechizo, que la muerte
no me parece tan fea.

Leonor (Aparte.)   (Declaróse.)

Juan   Aldonza mía,
solo por satisfaceros
el médico he de traeros,
si cuanta riqueza envía
la oriental región me cuesta.

Aldonza   Hacedlo, y no me veáis
primero que de él sepáis
que estoy menos indispuesta.

Juan   ¡Eso más!

Aldonza   Don Juan, no os pese;
que a vos os importa.

Juan   ¿Quién
se vio a las puertas del bien,
que como yo le perdiese?

(Vase.)

Leonor   Rabioso va.

Aldonza   Y yo, Leonor,

quedo confusa, pensando
que de don Juan voy sanando,
y enfermando del doctor.

Fin de la primera jornada

Jornada segunda

(Salen Román, don Juan y el Demonio.)

Román   Haber conmigo mostrado
tanta liberalidad,
conociendo la verdad
de mi intento y mi cuidado,
    me ha obligado a visitar
otra vez a Aldonza, y creo
que he de lograr mi deseo
porque la pienso gozar;
    que presto la habéis de ver
libre de aquella pasión
que en su amante corazón
tal mudanza pudo hacer.

Juan   ¿Son, al fin, señor doctor,
Hechizos la causa de ella?

Román   O no hay en el cielo estrella
ni en el Sol hay resplandor.
    Mas ni os aflija ni espante;
que, como me habéis pedido,
para saber quién ha sido
vuestro ofensor y su amante,
    he levantado figura.
Pero advertid que éstas son
cosas en que la opinión
y la quietud se aventura;
    y si lo que de ella infiero
os tengo de declarar,
palabra me habéis de dar
como noble caballero,

          pues que os sirvo, del secreto;
          que por nadie —¡vive Dios!—
          lo hiciera sino por vos.

Juan   Como quien soy os prometo
          fuera de que os dejaré
          hoy, por lo que os he cansado,
          liberalmenle pagado,
          que el secreto guardaré,
             contra que pierda el honor
          y la vida.

Román   Pues, don Juan,

(Saca un papel de una figara levantada, y habla mirando a él.)

          ....[-án]
          en amistad y en amor
             Fortuna adversa; y me obligo
          a asegurar que os ha hecho
          todo el daño el falso pecho
          de vuestro mayor amigo.

Juan   Don Félix es el mayor.

Román   Las señas os puedo dar
          de él, pero no señalar
          la persona. Es de color
             trigueño, y es de mediana
          estatura y voz suave,
          ni bien sutil ni bien grave.
          Goza la estación lozana
             de su juventud, y tiene
          negra la barba y cabello.

Juan	Basta para conocello;
	que cuánto dices conviene
	con las señas claramente
	de Félix.

Román	El declararos
	celoso antes de informaros
	será acción poco prudente.
	Velad; y pues confíado
	de que vos lo estáis está,
	en su descuido hallará
	la verdad vuestro cuidado.
	Y voyme, don Juan; que es hora
	de ver mis enfermos.

Juan	Solo
	quiero saber, Demodolo,
	si la que mi pecho adora,
	según vuestra astrología,
	corresponde a quien me ofende.

Román	Tanto en su afición se enciende
	cuanto en la vuestra se enfría.

(Hablan Román y el Demonio.)

Demonio	Loco queda.

Román	Su furor
	con Félix le precipite,
	y su discordia me quite
	tan fuerte competidor;
	que más seguro pretendo

con su ausencia o con su olvido;
y queda tan bien perdido
matando como muriendo.

(Vanse Román y el Demonio.)

Juan   ¿Es posible que haya sido
Félix amigo traidor?
Pero las fuerzas de amor,
¿qué obligación no han rompido?
     ¿Puede engañarse la ciencia
y mentir la astrología?
Sí; mas la desdicha mía
me niega esta contingencia.
     Sombra seré, por los cielos,
de su vida y sus acciones.
irgos serán mis pasiones,
y linces serán mis celos;
     y si me ofende, ha de ver
en su muerte mi venganza;
que a quien pierde la esperanza,
¿qué le queda que perder?

(Sale don Félix.)

Félix   Si es cierto que la amistad
hace de dos almas una,
cierto es que en vuestra fortuna
tengo [mi felicidad.]
     Dadle pues a mi cuidado
una nueva venturosa.
¿Qué hay de vuestra prenda hermosa?
Demodolo, ¿hase afirmado
     en que nace su cuidado

de su pernicioso encanto?

Juan (Aparte.)   (¡Ah cielos! No ayuda tanto
la amistad, sino el amor.
   Quiero engañarle y fingir
que soy ya diclioso amante;
que con esto en el semblante
el pecho ha de descubrir.)
   Don Félix, el accidente
que la mudanza causó
de doña Aldonza pasó
como exhalación ardiente;
   que por ser de lo violento
tan breve la duración,
volvió a su antigua afición
fácilmente el pensamiento.
   Muy presto la norabuena
me daréis de mi alegría.

Félix   Decid, don Juan, de la mía
pues no era menor mi pena.

(Aparte.)   (Si declararte codioios,
ésta es, Félix, la ocasión
de tu abrasada pasión
pide el remedio en albricias.
   Atrévete; que el contento
jamás avariento ha sido.)

Juan (Aparte.)   (Por Dios, que se ha suspendido
mal se encubre el sentimiento.)

Félix   Si nuestra firme amistad
me puede dar confíanza
a una atrevida esperanza,

don Juan, licencia me dad
   para poder declararos
mi intento.

Juan   Tanto agraviáis
mi amistad cuanto dudáis
que nada puedo negaros.

Félix   La hermosa doña Teodora,
vuestra hermana, en quien Amor
cifra su gloria mayor,
si por bella me enamora,
   por sangre vuestra me obliga
a que, en albricias del bien
de haber vencido el desdén
de vuestra amada enemiga,
   os pida su blanca mano,
pues nadie puede fundar
su esperanza ni valor
a cielo Lan soberano
   con más alas que yo vuelo.
Merezca pues que en un día
vuestra ventura y la mía
celebre y envidie el suelo.

Juan (Aparte.)   (¡Ved si ha obrado mi ficción!
No es amor, sino venganza
de su perdida esperanza,
la causa de esta intención;
   que no haberla declarado
hasta ahora, que he fingido
que soy de Aldonza querido,
indicio evidente ha dado
   de que este medio escogió

con que su desdén castigue,
porque con celos la obligue
lo que con hechizos no.)

Félix   Don Juan, ¿de qué os suspendéis?
¿No admitís mi pensamiento?

Juan   Antes, Félix, el contento
de la merced que me hacéis
   con razón me ha suspendido.
Luego propondré a mi hermana
vuestro intento, y lo que gana
con tan principal marido.
   Y si admite, como espero,
nueva de tanta alegría,
sin que aguardéis a la mía,
hacer vuestra boda quiero.

(Aparte.)   (Así pretendo probar
la verdad de su intencion.)

Félix   No, don Juan; que no es razón
que Félix lleque a alcanzar
   tanta dicha sin que vos
la vuestra alcancéis tambien;
que el bien para mí no es bien
si no es común a los dos.
   Fuera de que no sería
bien pensado duplicar
los gastos por no aguardar
a hacerlos un mismo día.

Juan (Aparte.)   (¿Ya quién duda que es venganza
de Aldonza el fin de este intento,
pues resiste al casamiento

hasta perder su esperanza
con verme en la posesión
de su mano? ¡Ah cielo santo!
¿Cómo se refrena tanto
mi ofendido corazón?)

Félix

Don Juan, ¿qué determináis?

Juan (Aparte.)

(Asegurarlo conviene.)
Quien más voluntad no tiene
que la vuestra, ¿qué dudáis
que hará vuestro gusto?

Félix

Hablad Luego a la bella Teodora.

Juan

Ni vuestras partes ignora,
ni dudo su voluntad.

Félix

Si la merezco, daréis
la vida al mayor amigo.

Juan (Aparte.)

(Y a mi mayor enemigo
la muerte, si me ofendéis.)

(Vanse los dos por diferentes partes. Salen Román y el Demonio.)

Román

¿Porqué dilatas mi gloria?
Tu amistad y tu poder,
¿qué Sirven, si no he de ver
tan deseada victoria?

Demonio

Román, la amistad enfrena
al poder, porque si usara
de él, tus artes publicara,

y te expusiera a la pena.
   Por esto con tal templanza
has de remediar tu mal,
que parezca natural
el triunfo de tu esperanza.
   Usa de la industria en tanto
Que provechosa te fuere;
y en lo que ella no valiere,
ocurrirás al encanto.
   Por todas partes camina
felizmente tu deseo,
pues por los efectos veo
que cuanto Aldonza imagina,
   es solo en la gallardía
que en tus partes le he mostrado;
y ciega de este cuidado,
Ahora a llamar te envía.

Román
                    Solo acreditar me falta
de principal caballero;
que éste es el medio postrero
de alcanzar gloria tan alta.

Demonio
                    Ya la invención conveniente
para ese fin he trazado.
De la corte se ha ausentado
un don Diego, descendiente
   de Guzmanes, por no hacer
un casamiento a disgusto
porque a su padre era justo,
que le trocó, obedecer.
   Yo trazaré cómo crea
Aldonza que este don Diego
eres tú.

Román	De tanto fuego librarse el alma desea.
Demonio	De su persona las señas finjo yo, para este efeto, en el engañoso objeto que tú en lo aparente enseñas. Mas oye lo que he de hacer; que ya Leonor ha llegado.

(Sale Leonor, con manto, quedándose a escuchar al paño.)

Leonor	Solo está con su críado. Desde aquí quiero atender a lo que los dos platican, por ver si averiguo así estas sospechas que en mí por puntos se multiplican.

(Hablan aparte Román y el Demonio.)

Demonio	Con esto has de acreditar tu nobleza mentirosa; que Leonor quiere curiosa lo que hablamos escuchar.
Román	Comienza.
Demonio	¿Cómo, señor, un hombre de tu nobleza quiere ejercitar en Deza el oficio de doctor, pudiendo en la corte estar,

por quien eres estimado?
¿Cómo no te da cuidado
el sentimiento y pesar
    de tu padre don Fernando
de Guzmán, el noble viejo
de quien eres claro espejo?

Leonor   ¿Qué es lo que estoy escuchando?

Román   Todo lo advierto; mas es
el casarme a mi disgusto
un tormento tan injusto,
que me obliga a lo que ves.
    Por no hacerlo me ausenté,
y de lugar en lugar,
en Deza vine a parar,
donde este oficio tomé
    por vivir más disfrazado,
y porque usar lo podía
como quien filosofía
y otras ciencias ha estudiado;
    que si bien fue el aprendellas
entonces curiosidad,
hoy es ya necesidad
a este fin valerme de ellas.
    Mudé en Demodolo el nombre
de don Diego de Guzmán,
con que mis intentos van
tan seguros, que no hay hombre
    que pueda saber quién soy.

Leonor   ¿Quién tal pensara?

Román   Y tú ves

que es tan pródigo interés
el que gano, que si voy
  a este paso, no habrá cuenta
que lo sume; con que puedo
lucirme mientras no heredo
los cinco mil que de renta
  goza mi padre.

Leonor   ¡No es nada!
Luego vi que este doctor
era noble.

(Aparte Román y el Demonio.)

Román   ¿Oye Leonor?

Demonio   Atenta está y admirada.

Román   Prosigue.

(Alza la voz.)

Demonio   Todo es verdad;
mas según tendrá deseo
de hallarte tu padre, creo
que hiciera a tu voluntad
  de tu esposa la elección.

Román   Que no la tengo imagino.
Preso está, si libre vino
a Deza mi corazón.
  Si puedo, ha de ser mi esposa
la que adoro.

Leonor	¿Quién será?
Demonio	¿No ves lo mal que te está? Que aunque es principal y hermosa debes aspirar, señor, por tu calidad y hacienda, a más soberana prenda.
Román	¡Qué poco sabes de amor! No hay grandeza que prefiera a la que mi pecho adora.
Leonor	Mas, ¿si fuese mi señora? ¡Que dicha tan grande fuera!
Demonio	Pues ¿para qué te atormentas? Dile quién eres; que es cierto que alcanzarás por concierto lo que por amor intentas.

Román	¿Cómo quieres que acredite
	con ella esta novedad,
	sin que hacer de la verdad
	más probanza solicite?
	  Pues haciéndola, es forzoso
	que se publique mi intento,
	y mi padre el casamiento
	me ha de estorbar cuidadoso.
	  Fuera de que tanta gloria
	quiero por mí merecer;
	que cuando la da el poder,
	no estima Amor la victoria.

Leonor	No hay más que esperar.

(Llégase a los dos.)

Román   ¡Leonor!

Leonor   Doña Aldonza, mi señora,
                            a quien ha apretado agora
                            el melancólico humor,
                                os suplica que al momento,
                            la visitéis.

(A Román, al oído.)

Demonio   Éstos son
                            efectos de su aficíon,
                            aunque disfraza el intento.

Román   Como debe, se apercibe
                            a servirla mi cuidado.

(Sale Tristán, con un bolsón de dinero.)

Tristán   De mi señor, que obligado
                            se te confiesa, recibe,
                                señor, estos cien doblones.

Román   Veinte escudos te darán
                            el porte de ellos, Tristán.

Tristán   Desde el sur a los tríones
                                te canten mil alabanzas
                            por cada maravedí;
                            que de mi fortuna así
                            la primer victoria alcanzas,

                    pues no podrá despintarme
                    estos escudos que están
                    en mi mano.

Leonor   Ya, Tristán,
                    tienes con qué regalarme.

Tristán   ¿Aun no te has ido? ¡Qué presto,
                    porque mi desdicha arguya,
                    hallé quien me disminuya
                    la ventura! Mas, ¿qué es esto?

(Vacía el bolsón, y son cuartos.)

                      En cuartos se han convertido
                    los doblones. Pues yo fui
                    quien los conté, yo los vi;
                    mas mi desdicha ha podido
                      hacer tal transformación.

Román   Yo no creyera este engaño,
                    de vos, Tristán.

Leonor   ¡Caso extraño!
                    ¿Agora das en ladrón?

Tristán   ¡Bueno está! Voto no a Dios,
                    que por mis ojos los vi
                    que eran doblones.

Román   Así
                    atestiguáis contra vos,
                      porque si traéis vellón,
                    y doblones recibistes,

	vos solamente pudistes
	hacer la transformación.
	Volved pues por los doscientos
	escudos antes, Tristán,
	que sepa el señor don Juan
	vuestros bajos, pensamientos.
(Aparte.)	(Así quiero que empecéis,
	necio, a sentir el castigo
	de ser tan libre conmigo.)

(Vase Román.)

Demonio   ¡Ah, Tristán! ¿Ésas tenéis?

(Vase el Demonio.)

Leonor   Pensé, Tristán, que tuvieras,
                  solos para regalarme,
                  veinte escudos; y obligarme
                  agora mejor pudieras
                    que los doscientos empuñas;
                  mas ya no espero tocarlos;
                  que tienes para guardarlos
                  poco amor y muchas uñas.

(Vase Leonor.)

Tristán   ¿Aun eso más? ¿Quién se ha visto
                  en un lance tan confuso?
                  Mi propria mano los puso
                  en el bolso, y voto a Cristo,
                    que eran éstos cien doblones
                  de oro fino. Algún demonio
                  con tan falso testimonio

me solicita ocasiones
    de desesperar. Yo soy
quien los conté, yo los vi
ni estaba borracho allí,
ni aquí tampoco lo estoy.

(Vuelve a vaciar el bolsón, y caen escudos.)

        Pero, ¡qué miro! ¿No son
doblones éstos que toco?
¡Válgame Dios! ¿Si estoy loco?
Sí; ¿qué mas información
    que háberlos allá tenido
por cobre, y por oro aquí?
Pero lo mismo que a mí
a todos ha parecido.
    Que me engaño agora creo;
mas éstos, doblones son.
No es sueño, no es ilusión;
que por mis ojos los veo.
    Pues abora, ¿qué he de hacer?
Que si al doctor se los doy,
el delito de que estoy
indiciado han de creer;
    si no se los doy, también.
¿Quién vio mayor confusión?
Ya ha quedado por ladrón
sin culpa un hombre de bien.

(Sale don Félix.)

Félix   Tristán, ¿qué es eso? Parece
que estás disgustado. Ahora
que ha de gozar la que adora

tu dueño, ¿qué te entristece?

Tristán
      ¿Gozar o qué? De su amor
muy mal sabéis el estado;
nunca tan desconfïado
se vio don Juan mi señor.

Félix
      ¿Cómo?

Tristán
      Para que lo crea,
¿no es probanza suficiente
el mandarle expresamente
Aldonza que no la vea?
      Mirad cuánto desconfía
pues han podido obligalle
los celos a que en la calle
me mande estar en espía
      para averiguar de quién
ha nacido su mudanza.

Félix
      Nunca más firme esperanza
tuvo don Juan de su bien,
      si no me quiso engañar.

Tristán
      Industria debió de ser;
que es treta del mercader
que está cerca de quebrar
      ostentar más bizarría,
porque con eso desmienta
las sospechas; que así aumenta
el crédito en quien le fía.
      ¿No veis los competïdores
que contra sí disperara
don Juan, si no publicara

confïanzas y favores?

Félix
    Eso no corre conmigo,
que amigo soy verdadero.

Tristán
    Para este fin el primero
se ha de engañar el amigo;
    que engañado, como entiende
no serlo, con mas fervor
el crédito y el honor
del que le engañó defiende,
    jurando una falsedad
sin perjurarse; y lo hiciera
con tibieza si supiera
que no jura la verdad.
    Demás que los deseosos
como los sarnosos son.

Félix
    ¡Notable comparación!

Tristán
    Siempre dicen los sarnosos,
    aunque esté en mayor pujanza
la sarna, que ya se quita.
Así en los que solicita
el amor es la esperanza;
    que consuelan con engaños
ellos mismos su pasión
cuando hay mayor comezón
de celos y desengaños.

Félix
    Yo, Tristán, he sospechado
que don Juan por excusarme
la pena que ha de causarme
con la suya, me ha engañado.

Tristán	Pienso que has dado en lo cierto.
Félix	Pues vive Dios, que ha de ser doña Aldonza su mujer, o verse a mis manos muerto quien dio la justa ocasión a la mudanza.
Tristán	Escuchad. puies os negó la verdad mi señor, será razón, ya que yo os la declaré, que no lo sepa don Juan.
Félix	Pues no le digas, Tristón, que me has visto.
Tristán	Así lo haré.
Félix (Aparte.)	(A Aldonza tengo de ver e inquirir este secreto, pues hasta que tenga efeto el de don Juan, no he de hacer con su hermana el casamiento. Quizá podrá mi cuidado descubrir quién la ha obligado a que mude pensamiento.)

(Vase don Félix.)

Tristán	A nuestra tema volvamos. ¿Qué harémos, Tristán, en esto de los dobiones, supuesto

que la opinión arriesgamos?
    Mas don Juan es el que viene.
¿Qué puedo hacer? A callar
me resuelvo hasta pensar
mejor lo que me conviene.

(Sale don Juan.)

Juan   ¿Diste al doctor el dinero,
                Tristan?

Tristán (Aparte.)   (¿Qué diré?)
                                Señor,
                oye. En casa del doctor
                hallé a Leonor.

Juan   Lo primero
                    de todo, Tristón, me di
                    si el dinero recibió.

Tristán (Aparte.)   (Mucho aprieta.)
                                Nunca yo
                Afirmo lo que no vi.
                    Iba a llamarle Leonor
                    de parte de su señora...

Juan   Eso está bien. Dime agora,
                ¿diste el dinero al doctor?

Tristán (Aparte.)   (Dalle.)

Juan   Responde.

Tristán (Aparte.)   (Ya sé

con lo que me he de excusar.)
Yéndole, señor, a dar
los cien doblones, troqué
   el bolso en que los llevaba
con uno de cuartos mío,
y fue tal mi desvarío,
porque de él no me acordaba,
   temiendo que Demodolo
sospechase mal de mí,
que avergonzado salí,
y después, estando solo,
   el bolso de los doblones
hallé; mas no me he atrevido
a llevarlos, de corrido,
hasta que con él me abones.

Juan   Llévalos luego; y agora
dime quién ha paseado
esta calle o visitado
a la que mi pecho adora.

Tristán   Ninguno de quien tu bien
no se pueda confíar,
porque solo he visto entrar
a Félix agora.

Juan   ¿A quién?

Tristán   A Félix.

Juan (Aparte.)   (¡Ah santos cielos!)
¿Hablóte o viote?

Tristán   Señor,

ni me habló ni vio.

Juan (Aparte.)   (¡Ah traidor!
Ved si son vanos mis celos.
   Mataréle, aunque ha de hacerme
su muerte quedar perdido.
Si a Aldonza pierdo ofendido,
vengado quiero perderme.)

(Vase don Juan.)

Tristán   ¡Con qué pulgas preguntó
si me habló! Por si de mí
hubiera sabido aquí
la verdad que él le negó!
   ¡Mal año! ¡Miren si ha sido
prevención provechosa!
No hay alhaja más preciosa
que ser un hombre entendido.

(Vase. Salen doña Aldonza, Félix y Leonor.)

Aldonza   Mal celebra el descontento,
Félix, las fiestas de Amor,
y yo, que de este dolor
Tan afligida me siento,
   no es mucho que a la esperanza
de don Juan la ejecución
dilate; que es dilación
la que veis, y no mudanza.
   Y si está en darle la mía
en daros su hermana a vos
la mano, pedidle a Dios,
don Félix, mi mejoría.

(Sale don Juan y escucha desde el paño.)

Félix   No atribuyáis al dolor
                    esquiveza semejante;
                    que el más indispuesto amante
                    sana gozando su amor.
                       Aldonza —¡viven los cielos!—
                    que hace la mudanza en vos
                    estos efetos.

Juan (Aparte.)   (¡Por Dios,
                    que le está pidiendo celos,
                       persuadido de mi engaño
                    a que me ha vuelto a querer!)

Félix   Mirad que aunque en la mujer
                    no es, señora, caso extraño
                       el mudarse, en las que son,
                    como lo sois, principales,
                    infaman defectos tales
                    su nobleza y opinión;
                       y habiendo ya vuestros labios
                    pronunciado el sí, no es justo
                    hacer, por leyes del gusto,
                    a las del honor agravios.

Aldonza   Ya, Félix, os he afirmado
                    que se ha engañado y mentido
                    quíen ha dicho o entendido
                    que mi pecho se ha niudado.

Juan (Aparte.)   (¿Satisfacciones le das?)

76

Aldonza	Con esto podéis dejarme,
	porque no pienso cansarme
	en satisfaceros más.
Félix	Porque ofende quien porfía,
	os suplico solamente
	que abreviéis, que está pendiente
	de estas bodas mi alegría.

(Apártase de doña Aldonza, y ésta se vuelve de espaldas y habla con Leonor.)

Juan (Aparte.)	(Primero venganzas mías
	Os darán muerte, traidor.)

(Al retirarse don Félix encuentra a don Juan.)

Félix	¡Don Juan amigo?

(Hablan los dos a un lado, y doña Aldonza con Leonor al otro.)

Aldonza	Leonor,
	prosigue lo que decías.

Félix	¿Llegáis agora?

Juan	Llegué
(Aparte.)	en este punto. (El cuidado
	que le da si le he escuchado,
	en la pregunta se ve.
	Disimular lo que he oído
	importa; que así aseguro
	la venganza que procuro.)
	¿Quién duda que habréis venido
	a pedir a la que adora

mi abrasado pensamiento
que abrevie mi casamiento,
por llegar al de Teodora
vos más presto?

Félix   Y juntamente
con eso, le vine a dar
de que os volviese a estimar
las gracias.

Juan (Aparte.)   (¡Qué diferente
es acusar su mudanza
de agradecer mi ventura!)

Félix (Aparte.)   (Pues ocultarme procura
el mal fin de su esperanza,
  no es bien que por entendido
me dé con él de su engaño.)

Aldonza   ¿Hay suceso más extraño?
¡Qué gran dicha hubiera sido
  que fuese yo la querida
de don Diego de Guzmán,
cuando sus ojos me dan
con el veneno la vida!
  Decir en la corte oí
que se ausentó. ¿Quién creyera
que a darme en Deza viniera
tan nuevo cuidado a mí?
  Mas a Madrid es razón
escribir para informarme;
que no es cordura arrojarme
con livíana información.
  Y en tanto importa, Leonor,

este secreto encubrir;
que el verme le han de impedir
si saben que no es doctor.

Leonor   Cuando por ti no callara,
lo hiciera porque imagino
que don Diego es adivino
y que de mí se vengara.

Félix   Adiós; que os quiero dejar
a solas; que los testigos
son del amor enemigos.

(Aparte.)   (No le quiero, avergonzar
con ver de Aldonza el rigor,
pues él lo encubre de mí.)

(Vase.)

Juan (Aparte.)   (Sus celos pretende así
disimular el traidor.
¿Iréme o veréla?
¡Cieloo!
Aconsejadme en tal pena;
que su desprecio me enfrena
cuanto me animan los celos.)

(Salen Román y el Demonio. Doña Aldonza sigue hablando con Leonor sin reparar en Juan ni en los demás.)

Román   Don Juan, ¿qué hacéis?

Juan   No os espante
el verme aquí; que al temor
de Aldonza y de su rigor

es esta puerta un gigante
que el paso me impide.

Román   Entrad;
que quiero ver si en su pecho,
cierto remedio que he hecho
causa alguna novedad.
(Aparte al Demonio.)   La fealdad has de aumentar
agora a don Juan.

Demonio   Sí, haré.

Román   Quiero que Aldonza le dé
causa de desesperar.

Juan   No espero que en mi favor
Aldonza se haya mudado;
que tengo ya averiguado
que es don Félix el traidor
       que me ofende.

Román   Ya veréis
En mi verdad mi deseo.

(Adelántanse.)

Aldonza   Don Diego es éste que veo.

Leonor   Y don Juan.

Aldonza   ¿Qué me queréis,
       don Juan? Dejadme, por Dios.

(Cae desmayada en los brazos de Leonor.)

Román	Perdió el sentido.
Juan	¡Ay de mí!
Román	Bien se echa de ver aquí que al hechizo contra vos la fuerza le han aumentado.
Juan	Es cierto; que el alevoso don Félix partió celoso; y de mi engaño, obligado, porque le dije que ya ha vuelto Aldonza a quererme, para ganarla y perderme, nuevos conjuros hará.
Román	Idos pues, don Juan, de aquí; que miéntras presente estéis, ni favor alcanzaréis, ni Aldonza volverá en sí.
Juan	¿Hay tal desdicha?
Román	Idos presto.
Juan	De vuestra ciencia confío que su remedio y el mío tengo de alcanzar.
Román	Supuesto que de su mudanza loca sabéis la ocasión, haced vos lo que os toca, y creed

que haré yo lo que me toca.

Juan

A mí me toca el castigo
de don Félix. El traidor
muera, pues es el mayor
enemigo un falso amigo.

(Vase. Hablan aparte Román y el Demonio.)

Demonio

Ya va resuelto a matar
a don Félix.

Román

La ventura
que pretendo me asegura
si lo llega a ejecutar.

Leonor

Señora, ¿hay pena mayor?
Señor doctor, ¿qué aguardáis,
que el remedio no aplicáis
a este tan mortal dolor?

Román

La fuerza te mostraré
de la medicina agora.
Déme su mano. ¡Ah, señora!

Aldonza

¿Fuése don Juan?

Román

Ya se fue.

Leonor

¿Cómo te sientes?

Aldonza

Mejor
despues que se fue, y después
que he mirado, como ves,

que está aquí el señor doctor.

Román

    Siendo tan en mi favor
el remedio, no dudéis
que salud alcanzaréis;
aunque yo voy sospechando
que tengo de ir enfermando
al paso que vos sanéis.

Aldonza

    ¿Hay contagio en el humor
que causa mi mal?

Román

           Y tal,
que sin pegar vuestro mal,
no sanaréis del dolor.

Aldonza

¿Y sentís, señor doctor,
que os toca la pena mía?

Román

    Tanto, que apostar podría
que nunca con tal exceso
os tocó a vos.

Aldonza

         Y aun por eso
siento yo tal mejoría.

Román

    ¿Pensáis pagarme la cura?

Aldonza

El alma es premio pequeño.

Román

No podréis; que tiene dueño.

Aldonza

Así tuviera ventura.

Román	¿Fáltale a tanta hermosura?
Aldonza	¿Qué desventura mayor que acrecentarme el dolor quien cura la enfermedad?
Román	Si le calláis la verdad, no echéis la culpa al doctor.
Aldonza	Dijéralo si pensara que estaba en esto mi bien.
Román	¿Pues de quién lo espera quien al doctor no se declara?
Aldonza	A mi pesar me repara la obligación del recato.
Román	Decid solo cómo os mato y os sano, Aldonza.
Aldonza	Mi mal curáis como original, Y causáis como retrato. Enigma es vuestro dolor, que mi ciencia desanima.
Aldonza	No os espante si es enima, pues lo es también el doctor.
Román	Mi confusión es mayor.
Aldonza	Entended, pues sois tan sabio, lo que os encubre mi labio.

Román	El atreverme a entender el pensamiento es hacer al poder del cielo agravio.
Aldonza	Pues yo no he de declararme.
Román	Pues yo no os he de curar.
Aldonza	Aguardad.
Román	¿Qué he de aguardar, si no quereis confíarme vuestros males?
Aldonza	Si a sanarme os obligáis, no os serán ocultos.
Román	O no tendrán los astros cierto valor.
Aldonza	¿Conocéis, señor doctor, a don Diego de Guzmán?
Leonor (Aparte.)	(¡Mal año! ¿Qué ojos le echó al inocente críado! Sin duda que ha sospechado que el secreto descubrió.)
Aldonza	¿Qué dudáis?
Román	Aldonza, yo soy...

Aldonza	¿Vos sois?
Román	Soy extranjero, digo, y a ese caballero no conozco.
Aldonza	Toda estoy turbada con el «yo soy» que pronunciasteis primero; que es don Diego de Guzmán el que por fama me mata, y esa persona retrata las señas que de él me dan.
Román	¿Tan gallardo y tan galán soy, que a parecerme llego al que os causa amor tan ciego?
Aldonza	Pues para que otra mas alta que yo os estime, ¿qué os falta mas a vos que ser don Diego?
Román	¡Quién fuera don Diego!
Aldonza	¡Bien! ¡Qué falso estáis!
Román	Si yo fuera tan venturoso, ¿estuviera con vos falso? Aldonza, ¿quién no gozara tanto bien si fuera don Diego?

Aldonza	¿Luego solo eso os falta?
Román	Estoy ciego.
Aldonza	Pues sí no lo vi jamás, y le parecéis, ¿hay más que fingir que sois don Diego?
Román	Tras tan claro desengaño, fingirlo ¿qué me importara?
Aldonza	Tal estoy, que eso bastara para remediar mi daño.
Román	Pues si es bastante el engaño, que soy don Diego haced cuenta.
Aldonza	Yo estoy con eso contenta.
Román	Y yo muriendo por vos.
Aldonza	Y yo por vos.
Leonor	¡Gloria a Dios, que llegamos a la venta!
Román	¿Seré tu esposo?
Aldonza	No doy favor a quien no ha de serlo.
Román	¿Cuándo podré merecerlo?

Aldonza	A obligarme empiezas hoy.
Román	Sí; mas si en la cumbre estoy de tu favor, ¿ya qué resta?
Aldonza	Aunque el alma esté dispuesta, aun no lo está la ocasión, si atiendo a la obligación de cuerda, noble y honesta.
Román	La dificultad mayor en declararse consiste.
Aldonza	Haz cuenta, pues, que venciste si ya te he dicho mi amor.

(Hacen que se van.)

Román	En la esperanza hay temor; la posesión asegura.
Aldonza	Si has de estimar mi hermosura, deseos te ha de costar; que alcanzar sin desear da desprecio a la ventura.
Román	Antes da la brevedad al bien calidad mayor.
Aldonza	La estimación es menor si es mayor la calidad demás que a decir verdd, es templo la dilación de tu vida o mi opinión.

Román	¿Qué temes?
Aldonza	Lo que dirán, y los celos de don Juan, de quíen sabes la pasión.
Román	Presto don Juan no será importante impedimento.
Aldonza	¿Cómo?
Román	Porque el sentimiento en estado le pondrá, si algo sé, que no podrá ser digno de tanto bien, aunque ablandes tu desdén.
Aldonza	Pues con eso seré luego tu esposa, si eres don Diego.
Román	¿Y si no lo soy?
Aldonza	También.

Fin de la segunda jornada

Jornada tercera

(Salen don Juan y Tristán, de noche.)

Tristán
Agora te contaré,
pues ya las trasformaciones
te he dicho de los doblones,
el remedio de que usé
contra el encanto que así
infamarme solicita,

Juan
Dilo pues.

Tristán
De agua bendita
un vaso, señor, henchí,
y dentro de ella el dinero
entregué al doctor, seguro
de tramoyas, que el conjuro
contra su virtud es huero.

Juan
¿Qué diabólica legión,
atenta solo a mis males,
de los reinos infernales
conduce al mundo Plutón?

Tristán
Todo es encanto, y es tanto,
que estoy ya flaco de miedo.

Juan
Con esta espada, si puedo,
he de vencer el encanto.

Tristán
Un hombre viene, señor.

Juan
Véte a recoger.

Tristán	Sin duda,
	pues que tripulas mi ayuda,
	has creído mi temor;
	mas ¿cuándo Tristán ignora
	tu pecho?
Juan	En teniendo efeto,
	te descubriré el secreto
	que es fuerza callar agora.
	Véte.
Tristán	Si has de pelear,
	el obedecerte es justo;
	que en cosas más de mi gusto
	no suelo yo porfíar.

(Vase Tristán.)

(Salen Román y el Demonio, de noche y hablan los dos aparte.)

Demonio	Éste es don Juan, que en la calle
	de Aldonza está en centinela;
	pues don Félix se desvela
	con sospechas, engañalle
	tu pretensión dispondrá;
	que la persona fingiendo
	yo de Félix, y saliendo
	de cas de Aldonza, creerá
	su agravio.
Román	Con eso fío
	que por lo menos de intento
	mudará en su casamiento,

	y dará lugar al mío.
Demonio	No puede hacer la verdad más efecto.
Román	Hablarle quiero para acreditar primero su traición y mi amistad.
Juan (Aparte.)	(Si es Félix, aquí verán sus traiciones el castigo que merece un falso amigo.) ¡Ah, caballero!
Román	¿Es don Juan?
Juan	¿Quién lo pregunta?
Román	Quien solo os busca para mostraros cuánto os estima, con daros un aviso.
Juan	¿Es Demodolo?
Román	El mismo y porque veáis ya mi amistad, ya mi ciencia, quise que a mi diligencia el desengaño debáis; que vuestros ojos verán que don Félix está agora gozando de la que adora vuestro ciego amor, don Juan.

Juan	Qué decís!

Román	No me ha mentido
	quien me lo ha dicho jamás.
	No puedo deciros más;
	y si no me habéis creído,
	aquí pienso acompañaros
	hasta que lo averigüéis,
	y a lo que determinéis,
	si algo os importo, ayudaros.

Juan	Yo estimo el ofrecimiento;
	pero mal os lo pagara
	si conmigo os arriesgara
	en la venganza que intento.
	Solamente me ayudad
	en esto con el secreto.

Román	Como amigo os lo prometo.

Juan	Recogéos pues, y dejad
	lo demas a cargo mío.

Román	Pues solo queréis tomar
	venganza, por no agraviar
	vuestro valor, no porfío.

(Habla aparte al Demonio.)

Agora es tiempo.

Demonio	¡Cumplir
	parto al punto lo que ordenas!

94

(Vase.)

Román (Aparte.)   (Con esto el fin de mis penas
                        pienso, Aldonza, conseguir.)

(Vase Román.)

Juan   ¿Es posible que es liviana
                        Aldonza, y Félix traidor?
                        ¿Tanto en él pudo el amor,
                        tanto en ella la inhumana
                            potestad que la ha hechizado?
                        Mas no hay hechizos; bastó
                        ser ella mujer, y yo
                        un hombre tan desdichado.
                            Mas yo, ¿para qué me pierdo
                        por una mujer, error
                        que juzga por el mayor
                        y por sin disculpa el cuerdo?
                            Más, aunque de esto me acuerde,
                        déme el más cuerdo a entender
                        por qué se puede perder
                        quien por mujer no se pierde.
                            Pero mi enemiga ha abierto
                        la puerta, y un hombre ya
                        sale; esto es hecho.

(Sale el Demonio, que ha tomado la forma de don Félix.)

                            ¿Quién va?

Demonio   ¿Quién lo pregunta?

Juan (Aparte.)   (Ello es cierto;

que su voz no me ha engañado.)
Traidor, éste es el castigo
que merece un falso amigo.

(Saca la espada, y dale.)

Demonio   ¡Yo soy muerto!

Cae dentro

Juan   Y yo vengado.

(Vase. Salen Leonor y doña Aldonza, acabando de leer una carta.)

Leonor   ¿Qué te escribe?

Aldonza   La probanza
De mi ya segura gloria.
Dice que es cierta la historia
En que fundo mi esperanza.
      Todas las señas, Leonor,
Con que retrata a don Diego,
son las que mi pecho ciego
idolatra en el doctor.

Leonor   No tienes ya, según eso,
qué dudar ni qué temer.

Aldonza   Solo temo ya perder
con tanta ventura el seso.

Leonor   Él viene.

Aldonza	A solas le harán mis porfías declararse. Véte.
Leonor (Aparte.)	(Al fin vendrá a quedarse en el aire el buen don Juan.)

(Vase. Sale Román.)

Román	Ya, Aldonza, no impedirá don Juan nuestro pensamiento, pues el celoso tormento le privó de seso ya.
Aldonza	¿Loco está?
Román	No os lastiméis.
Aldonza	Yo le aborrezco de suerte que aun diciéndome su muerte lastimarme no podéis.
Román	Él, pues, ha dado en decir que es Félix, su amigo estrecho, el que mudar os ha hecho; y que viéndole salir de vuestra casa a deshora, le dio muerte; y lo ha creído de modo, que retraído está por el caso agora.
Aldonza	¿Luego vive Félix?
Román	Vive

bueno y sano.

Aldonza   ¿Qué decís?

Román   Probar podéis lo que oís,
                        si alguna duda recibe.

Aldonza   ¿Tanto lo ha sentido? Tanto
                        pudieron con él los celos?

Román   Piedades son de los cielos,
                        codolidos de mi llanto.

Aldonza   ¿Y cómo os va de don Diego?

Román   Si con el alma que os doy
                        os consuelo cuanto soy,
                        ¿por qué lo que soy os niego?
                          Don Diego soy. Verdad es
                        cuanto os han dicho de mí
                        y desde la corte aquí
                        la estampa de vuestros pies
                          vine borrando, señora,
                        con mis labios; que ésta fue
                        la ocasión por que tomé
                        el nombre que finjo agora.
                          Quiso mi padre obligarme
                        a ser de otra dama esposo,
                        y por él me fue forzoso,
                        como por vos, ausentarme.
                          El temor de la opresión
                        de mi padre si me hallara,
                        hizo que el nombre mudara;
                        y por tener ocasión

de poderos dar indicio,
bella Aldonza, de mi amor,
tomé oficio de doctor,
que es licencioso este oficio.
    Si antes os negué quién soy,
fue porque son enemigos
del secreto los testigos;
mas ya que con vos estoy
    a solas, y satisfecho,
por lo que importa a los dos,
de que está segura en vos,
la llave os doy de mi pecho.
    Y puesto que la locura
de don Juan lo facilita,
vuestro amor, señora, admita
lo que ofrece la ventura.

Aldonza   En mi firme voluntad
no pongáis duda, señor,
cuando vos sabéis mi amor,
y yo vuestra calidad.
    Mas mi mudanza es forzoso
primero justificar,
publicando en el lugar
que don Juan está furioso;
    pues sus deudos y los míos
se ofendieran de otra suerte,
y temo que en vuestra muerte
castiguen mis desvaríos.

Román   No temáis; que al mismo instante
que os merezca, me podré
declarar; con que seré
a refrenarlos bastante.

Mas porque el temor evite
que su indignación os da,
para hacerlo, ¿bastará
que don Juan lo solicite?

Aldonza

Claro está; mas ¿de qué modo
le obligaréis?

Román

Quered vos;
que el Amor, señora, es dios;
su industria lo alcanza todo.

Aldonza

Y yo de vuestra prudencia
mayores empresas fío.
Disponed de mi albedrío.

Román

Parto pues. Dadme licencia;
que cada instante es eterno
antes de la posesión.

(Vase.)

Aldonza

Los puntos de dilación
trueco yo a siglos de infierno.
Si es verdad, dichosa he sido.
¡Leonor!

(Sale Leonor.)

Leonor

¿Qué me mandas?

Aldonza

Parte
al punto a certificarte
si está don Juan retraído.

Leonor	¿Retraído? Pues, ¿qué exceso tan grave pudo emprender que le obligue a retraer?
Aldonza	Dicen que ha perdido el seso de celos; y da en decir que ha muerto a Félix, su amigo, porque de verse conmigo anoche le vio salir.
Leonor	¿Matóle?
Aldonza	Falsa es la muerte como la causa lo fue. Haz lo que te digo.
Leonor	Iré con alas a obedecerte.

(Vanse. Sale un Demonio, en figura y traje de sacristán, con unos panecillos y una bota de vino.)

Tristán	Saber quisiera, sacristán divino, pues de esta iglesia sois el inquilino, si hay en ella fantasmas y visiones que a golpes, bofetadas, pescozones los retraídos huéspedes regalen?
Demonio	Pues, ¿qué os ha sucedido?
Tristán	Toda la santa noche me han molido,
Demonio (Aparte.)	(Castigos son que da a tu atrevimiento,

Román, de quien yo soy el instrumento
en la visible forma que he tomado
de sus mágicas artes obligado.)
Yo no sentí jamás tales asombros.
El miedo os fingirá espíritus malos.

(Mete en un arca el pan y vino, y échale la llave.)

Tristán   El miedo asombros da, pero no palos.
                                Mas, ¿qué es lo que guardáis

Demonio   Es pan y vino
                                de una ofrenda.

Tristán   A extremado tiempo vino,
                                si queréis convidarme.

Demonio   Esto es del cura.

Tristán   Nunca de vuestra mala catadura
                                esperé yo más virtuoso oficio.

Demonio   Ser de lo ajeno liberal, es vicio.

(Vase y hace caediza la llave.)

Tristán   ¿Engáñome o cayósele la llave?
(Alza la llave)   Sí. De su cortedad he de vengarme.
                                Mas ¿si vuelve? ¿Qué importa? ¿Ha de matarme?
                                Pues de la bota soy amante ciego,
                                Un chupón le he de hacer, y suplir luego
                                con agua el hurto, y no seré el primero
                                que achaca su delito al tabernero.
                                Abrid quedo, Tristán, porque el ruido

no descubra el delito; que andaremos
al morro el sacristán y el retraído.

(Abre el arca, y aparece un difunto; deja Tristáncaer la tapa y ciérase el arca.)

¿Qué es esto? ¡Verbum caro! ¡Anima Christi!
El arca en ataúd se ha convertido,
y con el vino el muerto ha revivido.

(Sale el Demonio, de sacristán.)

Demonio	¿Qué es aquesto, Tristán? ¡Oh qué mal hueles!
Tristán	Informan de mi miedo esos papeles.
Demonio	Pues, ¿de qué le has tenido?
Tristán	En este punto esa arca abrió un difunto, y en ella se ha escondido. La hora es ésta que el vino se ha bebido.
Demonio	Mal la disculpa de tu error trazaste. Cayóseme la llave, y tú la hallaste, y al muerto tu delito has imputado.
Tristán	Por estos ojos el difunto he visto dentro del arca, voto a Jesucristo.
Demonio	No jures; que me ofendes con nombrarle.
Tristán (Aparte.)	Perdona. (El sacristán es un bendito.)
Demonio	Quiérote convencer de tu delito.

103

(Abre el arca, y no hay en ella más que el pan y el vino.)

¿Qué es del cadáver? ¿Ves tus invenciones?

Tristán   ¿Qué me queráis, fantasmas y visiones?

Demonio   Basta, Tristán. Yo quiero convidarte,
                 porque sin duda estás necesitado,
                 pues hurtar intentabas en sagrado.

(Saca el pan y el vino.)

Tristán   El cielo te lo pague; que el desvelo
                 desde que media noche era por filo,
                 me tiene, como dicen, en un hilo.

Demonio   Desayúnate pues.

El pan se vuelve en ceniza, y el vino en tinta

Tristán   ¡Jesus mil veces!

Demonio   Calla ese nombre.

Tristán   ¡Ah, perro! ¿Lo aborreces?
                 Pues mil veces Jesús.

(Huye el Demonio. Sale Leonor, con manto.)

Leonor   Tristán, ¿qué es esto?

Tristán   ¡Que no me valga a mí, por desdichado,
                 contra los diablos el lugar sagrado!

Leonor	¿Qué tienes?
Tristán	¡Ay Leonor! Dos mil demonios esta noche, que he estado retraído por la muerte de Félix, me han curtido, y agora un sacristán, o yo estoy ciego, o se ha desparecido echando fuego.
Leonor	Ya conozco, Tristán, tus invenciones desde aquel cuento de los cien doblones.
Tristán	¿Hay más desdicha? ¡Que en sucesos tales aún no merezcan crédito mis males!
Leonor	Dejemos eso, y dime. Al fin ¿es cierto que don Juan se retrajo porque ha muerto a Félix?
Tristán	De eso puedo yo informarte, como quien tuve en ello tanta parte.
Leonor	Di cómo.
Tristán	Mi señor, para matarle, no quiso que yo fuese a acompañarle mas como soy fiel, le fui siguiendo, y quedéme a cien pasos tras la esquina de la calle en que tuvo la mohina. Salió don Félix de tu casa, cierra don Juan con él, abrázanse y en tierra dieron los dos, mas mi señor debajo. Yo, que puesto le miro en tal trabajo desde la esquina donde estaba tiro

la daga a Félix... Yo propio me admiro;
pues estando abrazados, sin que un pelo
a mi señor cortase mi destreza,
le di a Félix con ella en la cabeza,
y como peje rey quedó ensartado
por las sienes, del uno al otro lado.

Leonor   ¡Temerario mentir!

Tristán   Si por ventura
sospechas que te engaño,
ves allí a mi señor.

Leonor (Aparte.)   (¿Hay tal locura?
Sin duda son hechizos que le han dado,
como a Aldonza, a don Juan y a su criado.)
Quédate a Diós, Tristán; que no venía
a saber otra cosa.

(Vase Leonor.)

Tristán   Leonor mía,
aguarda. ¿Así te vas?

Al irse Leonor, le tira Tristán del manto, y ella al entrar descubre en las
espaldas un figurón, cayéndosele el manto

                          ¡Otra tenemos!
¡San Jorge! ¡Qué visión!

(Salen don Juan y don Pedro.)

Juan   Tristán, ¿qué tienes?

Tristán	Temblando estoy. ¿No dicen que en la iglesia no puede entrar el diablo?
Pedro	Son consejas de ignorantes, de niños y de viejas.
Tristán	Pues como ahora con vosotros hablo he hablado cara a cara con el diablo.
Juan	Siempre el temor te forma esas visiones.
Tristán	Vive Dios, que es verdad.
Juan	Deja invenciones; que no es tiempo de gracias.
Tristán	En efeto, quiero callar; que no será discreto el que contare cosas que no espere que las ha de creer quien las oyere.
Pedro	Proseguid vuestro suceso.
Juan	Sabiendo al fin, como os digo, la traición de tal amigo, perdi de cólera el seso; y siendo esta noche espía vigilante con los celos, cuando estrellas a los cielos y sueño al mundo esparcía, de casa de Aldonza vi que mi enemigo salió. Habléle, y me respondió, y en la voz reconocí

ser Félix; y despechado
con la ofensa, le maté;
y aunque perdido quedé,
quedé, en efecto, vengado.

Tristán   Venimos a retraernos
luego a este iglesia, y barrunto
que en venganza del difunto
se han soltado los infiernos.
    Y como nunca ha sabido
el demonio hacer justicia,
castiga en mí su malicia
lo que yo no he delinquido.

Pedro   ¡Estáis cierto en que murió
Félix allí? Que hasta ahora
ni lo ha sabido Teodora,
ni la fama divulgó
    en el lugar nuevas tales.

Juan   Por no dudarlo, le di,
después que muerto le vi,
mil estocadas mortales.

(Sale don Félix, hablando con un Criado.)

Pedro   ¿No es don Félix el que llega
a la iglesia?

Juan   ¿Desvarío
o sueño?

Tristán   Él es. Amo mío,
¿a mí también me la pega?

Pedro	Qué es esto, don Juan?
Juan	No sé.
Tristán	O hay otro Sinón en Troya, o éste es Félix de tramoya, o el que mataste lo fue...
Juan	¿Quién se ha visto tan confuso como yo?
Tristán	O él, de gallina, te dio con la mortecina, o tú eres valiente al uso de estos que con invenciones se suelen acreditar.
Juan	La vida me han de acabar tan terribles confusiones. Mas si es tan grande hechicero que el seso a Aldonza quitó, ¿quién duda que se libró por encanto de mi acero?

(Al Criado.)

Félix	Esto has de hacer con cuidado.
Criado	Siempre con él te serví.

(Vase.)

Tristán	¿Qué habemos de hacer aquí;
	que llega el resucitado?

Félix	Don Juan, por haber sabido
	de vuestra hermana Teodora,
	yendo a buscaros agora
	que estábades retraído,
	vengo celoso, por Dios,
	de no haber participado
	del caso, y haberme hallado,
	si sois mi amigo, con vos
	en el suceso que pudo
	causar esta novedad.

Juan (Aparte.)	(¡Que así me finja amistad!)

Félix	¿Cómo, don Juan, estáis mudo
	y recatado conmigo?

Juan (Aparte.)	(¿Qué es esto cielos? ¿Qué haré?
	Si anoche me declaré
	por su mortal enemigo,
	si me di por ofendido
	cuando salió de agraviarme,
	y él lo vio, ¿cómo he de darme
	aquí por desentendido?)

Félix	Colijiendo voy cuán poco
	de mi amistad confiáis,
	pues la respuesta dudáis.

Pedro (Aparte.)	(Don Juan sin duda está loco,
	o es Félix Ulises griego
	en engañar y fingir.)

(Aparte a don Juan.)

Tristán	Señor, ¿cómo has de salir de laberinto tan ciego?

Juan (Aparte.)	(Ya el ingenio me ha ofrecido
	una importante invención.
	Yo he de acusar su traición
	sin darme por entendido.)
	    De verme tan recatado,
	don Félix, no os espantéis;
	que en el suceso veréis
	si con causa lo he callado.
	    Yo supe que cierto amigo
	fingido, traidor, infiel,
	profesando yo con él
	la amistad que vos conmigo,
	    me ofende en la pretensión
	de Aldonza. Vile salir
	anoche de conseguir
	por dicha la posesión.
	    Yo, que de agraviado estoy
	loco, desnudé la espada,
	y a la primer estocada
	cae diciendo: «¡Muerto soy!».
	    Pero yo, aun no satisfecho,
	aunque muerto le juzgué,
	abrirle al alma intenté
	muchas puertas en el pecbo.
	    Vine a retraerme al punto
	a este templo, y he sabido
	agora que ni aun herido
	está cuanto más difunto;

que se libró de mi acero
por hechizos; que el traidor
tiene más de encantador
que de honor de caballero,
    y muerto se me fingió
de temeroso y cobarde,
.... [-arde;]
y aunque entonces me engañó,
    no presuma el hechicero
no ser vencido jamás;
que alguna vez podrá más
que sus conjuros mi acero.

(Aparte.)   (Bien se lo he dado a entender.)

Félix   El ha sido caso extraño;
mas el autor de ese engaño
quisiera, don Juan, saber,
    si fiáis de mi amistad;
que sabré morir por vos.

Juan (Aparte.)   (¿Hay tal fingir? ¡Vive Dios
que es la misma fálsedad!)
    Don Féiix, solo os podré
decir, pues me preguntáis
quién es, que si lo ignoráis
vos tampoco lo sé;
    y adiós que los dos tenemos
un negocio que tratar.

Félix (Aparte.)   Adiós. (¿En qué han de parar
estos confusos extremos?)

(Vase don Félix.)

Juan	Sin seso voy de corrido.
Pedro	Y yo lo voy de admirado.
Tristán	O el demonio se ha soltado, o mi amo ha enloquecido.

(Vanse los tres. Salen Román y el Demonio.)

Román	En habiéndole propuesto que de la injusta mudanza de Aldonza tome venganza con la ficción que he dispuesto, ponle en la imaginación que yo la persona sea que lo finja, si desea ver de ello la ejecución.

Demonio	Poco sastisfecho estás
	de que penetro tu intento.
	Proponle tu pensamiento,
	y déjame lo demás;
	   que fuera de eso, de modo
	sus sentidos turbaré,
	qe entero crédito dé
	y consentimiento a todo.
	     Él viene.

(Sale don Juan.)

Juan	Doctor amigo, loco estoy.
Román	Tenéis razón.

Ya sé, don Juan, la ocasión,
pues de su justo castigo
   por encanto se ha librado
Félix.

Juan
                   Vos me aconsejad,
pues que de vuestra amistad
y saber me he confiado.

Román
                   Don Juan, vuestro mal con vos
no puede más que conmigo,
después que la ley de amigo
hizo un alma de las dos;
   y así, quiero en este intento
lo que importa aconsejaros,
y hasta morir ayudaros.

Juan
                   Decid, pues.

Román
                              Estadme atento.
   Para lograr vuestro amor,
busquemos un forastero
no conocido, que sea
pobre y de vil nacimiento,
y dando a entender a Aldonza
y a sus deudos que es don Diego,
de que inducirá testigos
mi industria y vuestro dinero,
sin daros por entendido
del agravio que es ha hecho
con don Félix, le decid
que ya que vuestros deseos
desprecia, vos por mostrarle
que es vuestro amor verdadero,

en cambio de sus ofensas
solicitáis sus aumentos.
siendo un pródigo interés
de este delito el tercero,
con él habéis de tratar
que en el oscuro silencio
de la noche de sus bodas,
en cambio de él, vos el lecho
de doña Aldonza ocupéis.
Después de gozarla, el trueco
desharéis, y él otro día
se ausentará porque el riesgo
de ser descubierto evite.
Mataréis a Félix luego;
que yo me obligo a trazarlo.
Descubriráse el enredo,
quedará burlada Aldonza,
cumplido vuestro deseo,
vuestro ofensor castigado,
y vos vengado y contento
o perderéisos por todo,
ya que resolvéis perderos.

Juan   Pues, Demodolo, vos sois
de cuya amistad e ingenio
la ejecución de este caso
fíar solamente puedo.
Forastero sois, y en Deza
no conocido, y no espero
que como vos pueda alguno
acreditar que es don Diego;
que con tan bizarras partes,
ya del alma, ya del cuerpo,
para serlo solo os falta

el nombre de caballero.

Román (Aparte.)   (Ya me ruega con su dama.
Agora he de hacer que él mesmo
me lo pague.)

Juan   Demodolo
¿dudáis?

Román   No penséis que el riesgo
me acobarda, ni el perder
las riquezas de este pueblo;
que lo que a dudar me obliga
es solo haber de perderos,
siendo forzoso ausentarme.

Juan   No perderéis; que supuesto
que mis delitos también
me han de obligar a lo mesmo,
adonde quiera que vais
acompañaros prometo.

Román   Con eso me determino,
y luego a trazar comienzo
invenciones con que entiendan
en Deza que soy don Diego.

Juan   Yo a juntar voy, para daros,
cuantas riquezas poseo,
y a tratar con mi enemiga
el fingido casamiento.

(Vase.)

Román   Aldonza me dé la mano
que con sus engaños mesmos
a de engañarse don Juan.
Pues ha publicido el pueblo
que soy don Diego, han de darme
su cautela y su dinero
y mis artes fuertes armas
contra él mismo; y porque el riesgo
huya mejor, con hechizos
le he de hacer que pierda el seso,
y la vida si me importa.
Pues que me ayuda el infierno
gozaré de Aldonza bella;
y antes que descubra el tiempo
mi delito, ausentaréme,
pues por la mágica puedo
penetrar en breves horas
los más apartados reinos;
con Aldonza si me agrada,
sin ella si la aborrezco;
que no siempre son iguales
las pasiones y el deseo.
Y a lo menos rico iré
a tan remoto hemisferio,
que no siendo conocido,
viva alegre y sin recelo
de castigos ni venganzas.
Bien lo trazáis, pensamiento,
si piadosa la Fortuna
facilita los sucesos.

(Vase. Salen don Juan, doña Aldonza, Tristán y Leonor.)

Juan   Hermosa Aldonza, esto he hecho

por mostrar, cuando a venganzas
me obligan vuestras mudanzas,
que atiendo a vuestro provecho.
     Y porque ninguno en Deza,
cuando no os merezco yo,
blasone que os mereció,
goce de vuestra belleza
     don Diego, que es forastero,
y os merece, y no me ofende,
pues vengo en lo que él pretende
a ser yo mismo el tercero.
     A la corte iréis, y así
aplacaré mis enojos
con no tener a los ojos
la ventura que perdí.

(Aparte a don Juan.)

Tristán   No te empeñes; que estás ciego,
                  Y es de veras el doctor
                  don Diego.

Juan   ¡Qué loco error!

Tristán   Me quemen si no es don Diego.

Juan   Lo que obra el enredo es todo
                  traza del doctor y mía.

Tristán   Tú pagarás tu porfía
                  cuando estés puesto de lodo.

Aldonza   ¿Qué es lo que os dice Tristán?

Juan	Viene, señora, admirado
	de que el doctor disfrazado
	es don Diego de Guzmán.
	Dilo; que ya no es secreto,
	y en eso me fundo yo.

Tristán (Aparte.)
(Estoy por decir que no,
para impedirle el efeto.)

Aldonza (Aparte.)
(Ya lo entiendo. Concertado
viene a la invencián Tristán.
Piensa engañarme don Juan,
y es él solo el engañado.)
Ya que la suerte, a los dos
contraria, don Juan, en esto
de manera lo ha dispuesto
que no os dé la mano a vos,
daros gusto en eso es justo,
por mostrar que si no hubiera
inconveniente, os la diera
quien la da por vuestro gusto,
asegurándome vos
que es don Diego.

Juan
Por mi cuenta
correrá, Aldonza, la afrenta
y venganza de los dos.
Cuanto más que si yo soy
don Juan, él don Diego.

Tristán
¡Y cómo!

Juan
Y ya digo que lo tomo
yo por mi cuenta.

Aldonza	Y yo estoy contenta con eso, y quiero casarme, aunque no lo fuera.
Juan (Aparte.)	(Como una simple cordera da la garganta al acero.)
Leonor (Aparte.)	(¡Qué alegre está y engañado!)
(Aparte a Tristán.)	
Juan	Parte a llamar al doctor.
Tristán	Que te despeñas, señor.
Juan	¿Quieres no ser porfíado?
Tristán	Que es don Diego.
Juan	Pues don Diego, Quiero que la mano dé a Aldonza.
Tristán	Con eso iré.
(Vase Tristán.)	
Juan	Advierte que venga luego; que importa la brevedad, Aldonza; que publicado que es don Diego, en lo tratado temo alguna novedad por la mucha diligencia

de su padre.

Aldonza   El sí fue mío,
y ponga vuestro albedrío
lo demás.

Juan (Aparte.)   (¡Con qué inocencia
va admitiendo mi venganza!)

(Aparte a doña Aldonza.)

Leonor   ¿Viste enredo más extraño?
Él se engaña con su engaño,
y tu cumples tu esperanza.

(Hablan las dos aparte. Sale don Félix.)

Félix   Don Juan, amigo...

Juan (Aparte.)   (¡Ay de mí!
¿Si viene a estorbar mi intento?)

Félix   Si es fin de vuestro tormento,
tendré el hallaros aquí
a gran dicha.

Juan (Aparte.)   (Su intención
entiendo.)

Félix   Mas escuchad,
don Juan, una novedad
que os causará admiración.

Juan   ¿Y es?

Félix

Que el doctor es don Diego
de Guzmán.

Juan

Más ha de un día,
Félix, que yo lo sab}a.

Félix

Dicen más, que el amor ciego
de Aldonza le trajo a Deza,
de la corte.

Juan

También sé
esa verdad.

Félix

Pues él fue,
sin duda, quien su belleza
mudable con vos ha hecho;
y es bien que sienta el castigo,
si vos queréis.

Juan (Aparte.)

(¡Ah enemigo!
Celos te abrasen el pecho.)
Ya la venganza prevengo.

Félix

Él viene.

(Salen don Pedro, Román, el Demonio y Tristán.)

Román

Haberme llamado
don Juan con tanto cuidado,
por buen pronóstico tengo
de la ventura que espero.

Juan

Aldonza, informada ya

de los méritos que os da
el ser tan gran caballero,
    premia vuestras penas hoy.
Solo aguarda vuestra mano.

Román   ¿Quién no envidia el bien que gano?
             La mano y el alma os doy
               si puedo a tal posesión
             llegar sin perder el seso.

Cuando va a dar la mano, entran dos Familiares del Santo Oficio, con la
insignia en el pecho, y estórbanlo y préndenlo

Familiar 1   Roman Ramírez, sed preso
                  por la Santa Inquisición.

Tristán   ¿No lo dije yo?

Aldonza   Román
             es éste?

Familiar 1   El mismo que veis.

Román   ¡Ay de mí!

Aldonza   Ved lo que hacéis;
             que es don Diego de Guzmán.

Familiar 2   ¿Qué don Diego?

(Aparte a Román.)

Demonio   Mi furor,
             Román, no os puede valer.

                         Aquí dio fin mi poder
                         porque el del cielo es mayor.

(Vase.)

Román (Aparte.)   (¡Ah infiernos! ¿Cómo el concierto
                       vuestro no me favorece?)

Aldonza   ¡Válgame el cielo! Parece
                       que de un gran sueño despierto.
                         Otro que me pareció,
                       me parece.

Juan   ¡Yo estoy loco!

Familiar 2   Éste es Román, el que ha poco
                       que en Toledo castigó,
                         porque la ley sarracena
                       guardaba la Inquisición;
                       que es morisco de nación.

Román (Aparte.)   (¡Ah falso infierno! La pena
                       pago de mi desatino.)

Tristán   Agora caigo en la cuenta.
                       Éste es el que vi en la venta
                       mirar de mal al tocino.

Familiar 1   Andad, qué aguardáis, Román?

Román   No por ser de ley extraña,
                       menos que a vos me acompaña
                       la ley natural, don Juan.
                         Obligado estoy por ella

a pagar tanta amistad.
Ya que la pierdo, gozad
sin temor de Aldonza bella;
   que ni es Félix falso amigo,
ni jamás os ofendió.
Engaños son que trazó
la fuerza de amor conmigo.
   Con hechizos procuraba
el soberano sujeto
de Aldonza; mas en efeto,
quien mal anda en mal acaba.

(Vanse con él los Familiares.)

Tristán   Allá vayas, hechicero,
                    donde me dejes vengado.

Leonor   Todo se ha desfigurado
                    del que pareció primero.

Aldonza   Dadme la mano, don Juan,
                    pues soy la misma que fui,
                    y vos sois ya para mí
                    tan gallardo y tan galán
                    como lo fuisteis primero
                    que nos mudase el encanto,
                    pudiendo en nosotros tanto
                    los artes de este hechicero.

Juan   Pues quedo tan satisfecho,
                    bella Aldonza, vuestro soy,
                    y a Félix los brazos doy.
                    [como, al fin, amigo estrecho.]
                    ....[Leonor]

......................[casados]

Tristán   Aunque van salpimentados
                 con casamiento, mi amor
                 lo estima, y tu mano espera.

Leonor   Bien lo debo a tu afición.

Juan   Y aquí, pidiendo perdón,
                 da fin esta verdadera
                 historia, que sucedió
                 año de mil y seiscientos.
                 En sus rebeldes intentos,
                 preso en Toledo murió
                 Ramírez, y relajado
                 en su estatua, por su ciego
                 delito pagó en el fuego
                 el cadáver su pecado;
                     llevando, pues se fíaba
                 de injustos medios Román,
                 el castigo del refrán
                 quien mal anda en mal acaba.

                 Fin de la comedida

Libros a la carta

A la carta es un servicio especializado para
empresas,
librerías,
bibliotecas,
editoriales
y centros de enseñanza;
y permite confeccionar libros que, por su formato y concepción, sirven a los propósitos más específicos de estas instituciones.

Las empresas nos encargan ediciones personalizadas para marketing editorial o para regalos institucionales. Y los interesados solicitan, a título personal, ediciones antiguas, o no disponibles en el mercado; y las acompañan con notas y comentarios críticos.

Las ediciones tienen como apoyo un libro de estilo con todo tipo de referencias sobre los criterios de tratamiento tipográfico aplicados a nuestros libros que puede ser consultado en Linkgua-ediciones.com.

Linkgua edita por encargo diferentes versiones de una misma obra con distintos tratamientos ortotipográficos (actualizaciones de carácter divulgativo de un clásico, o versiones estrictamente fieles a la edición original de referencia).

Este servicio de ediciones a la carta le permitirá, si usted se dedica a la enseñanza, tener una forma de hacer pública su interpretación de un texto y, sobre una versión digitalizada «base», usted podrá introducir interpretaciones del texto fuente. Es un tópico que los profesores denuncien en clase los desmanes de una edición, o vayan comentando errores de interpretación de un texto y esta es una solución útil a esa necesidad del mundo académico.

Asimismo publicamos de manera sistemática, en un mismo catálogo, tesis doctorales y actas de congresos académicos, que son distribuidas a través de nuestra Web.

El servicio de «libros a la carta» funciona de dos formas.

1. Tenemos un fondo de libros digitalizados que usted puede personalizar en tiradas de al menos cinco ejemplares. Estas personalizaciones pueden ser de todo tipo: añadir notas de clase para uso de un grupo de estudiantes, introducir logos corporativos para uso con fines de marketing empresarial, etc. etc.

2. Buscamos libros descatalogados de otras editoriales y los reeditamos en tiradas cortas a petición de un cliente.